SPICY HOTPOT
ECONOMICS
21 LESSONS
ON ECONOMICS

麻辣烫经济学

经济学通识
二十一讲

谢作诗 著

中国发展出版社
CHINA DEVELOPMENT PRESS

图书在版编目（CIP）数据

麻辣烫经济学：经济学通识二十一讲/谢作诗著．—北京：中国发展出版社，2022. 3（2022.10 重印）

ISBN 978－7－5177－0998－5

Ⅰ. ①麻…　Ⅱ. ①谢…　Ⅲ. ①经济学—基本知识　Ⅳ. ①F0

中国版本图书馆 CIP 数据核字（2022）第 048047 号

书　　名：麻辣烫经济学：经济学通识二十一讲
著作责任者：谢作诗
责 任 编 辑：陈学英　龚　雪
出 版 发 行：中国发展出版社
联 系 地 址：北京经济技术开发区荣华中路 22 号亦城财富中心 1 号楼 8 层（100176）
标 准 书 号：ISBN 978－7－5177－0998－5
经　销　者：各地新华书店
印　刷　者：北京市密东印刷有限公司
开　　本：710mm×1000mm　1/16
印　　张：16. 5
字　　数：229 千字
版　　次：2022 年 3 月第 1 版
印　　次：2022 年10月第 2 次印刷
定　　价：52. 00 元

联 系 电 话：（010）68990642　82097226
购 书 热 线：（010）68990682　68990686
网 络 订 购：http：//zgfzcbs. tmall. com
网 购 电 话：（010）68990639　88333349
本 社 网 址：http：//www. develpress. com
电 子 邮 件：fazhanreader@ 163. com

感谢陈进先生资助出版！

给泰山科技学院、重庆移通学院、晋中信息学院的同学们！

序 言

故事力思维

真正的大学本科，提供的应该是通识教育。培养专业人才，在学术和科研上能有所成，起码是研究生之后的事情。大部分学生没法成为科学家，他们的职业甚至也会远离大学所学的专业。

杯子不是1/3满的，而是2/3空的。

芝加哥大学曾做过职业与专业相关性的调查，调查表明一个人所修专业和所从事职业往往是弱相关关系。其校友中最大的群体是律师——占调查群体的12%。在律师中，16%来自经济学专业，15%来自政治学专业，12%来自历史学专业，7%来自哲学专业、英语专业和心理学专业，5%来自公共行政专业。

在职业生涯中，大部分人终身能够运用到的是批判思维能力、分析推理能力、终身学习能力、独立思考能力，还有写作能力。这是在对芝加哥大学校友研究中得出的五大能力。在对其他同等精英学校的研究中，这些也是最主要的能力。

大体上，世俗的成功并不完全取决于个体在大学的学习。大学教育提供了一种形式的智力训练，但是很多其他的社会活动也有这个功能。

大概率而言，5年内一个成年人会忘掉在本科时学的绝大多数知识。但是，如上提到的五大能力——批判思维能力、分析推理能力、终身学习能力、独立思考能力和写作能力不会丢掉。它们可能不好测量，它们的影响也不好被证明，但这是大学能切实提供的东西。

所以我常常思考，民办大学怎样提供这些可持续发展的能力给学生。

在科学技术突飞猛进的今天，我们要对教育做一些有前瞻性的思考。比如说人工智能（Artificial Intelligence, AI）已经可以在诸如法律、医疗、会计、流水线、制图等领域替代并且领先人类的工作，大学本科教育如果提供的只是基本技能，未来如何不被人工智能取代？至少目前看来，人类还有很多优势是人工智能无法企及的，例如直觉、共情、哲思、细微的情感及艺术感受力等。人类的大脑可能是造物主制造的最复杂的“计算机”，它工作的机制我们迄今无法透彻了解，如果我们在大学本科教育里就培养学生们的这种不可被人工智能替代的能力，这就是一大成功。

不可替代的能力的核心可能是一种有效的故事力思维。故事力思维可以有效地激励、唤醒、鼓舞人类，而这恰恰是教育最希望达到的目的。

人类学家项飚有一句话我很赞同：人生活中的原则不是靠抽象理念来维持的，而是靠具体的社会关系。今天，我们生活在一个数据极大丰富但人对现象和本质都严重缺乏洞察力的时代。人类作为语义动物，从混乱的信息中寻找模式、顺序和意义变得更为艰难。

所以，我希望我们的教育能够培养拥有故事力思维的人。这需要有一定的常识做基础，需要洞察力做提升阶梯，使情感沟通成为动力。因为行为经济学把惊喜、快乐、悲伤、恐惧、愤怒及厌恶作为构成人类的六种基本情感，所以，我希望我们能够培养情感的沟通者、故事的讲述者、情绪的控制者以及常识的贯彻者，这是典型的非认知能力。其具体体现在人格上，就是良好的合作和表达能力，这可能是决定一个人发展路径的最重要因素。

亚当·斯密首次把人的经验、知识、能力看作国民财富的重要内容和发展生产的重要因素，认为人类的才能与其他任何种类的资本，同样是重要的生产手段。

要培养学生的如上能力，最重要的是在教育的过程中让学生兴奋起来，而这也是大学教育中最困难的部分。因为长久以来，工具理性已经牢牢地在基础教育中扎根，应试教育基本上替代了学生的真正感受。不能让学生兴奋起来的教育是对内在天赋的消耗。

让学生兴奋起来意味着在课程设计上要引入故事力思维。

康奈尔大学有一门“牛奶可乐经济学”课程。罗伯特·弗兰克教授喜欢在自己的课堂上给学生布置“博物经济学作业”，让学生写小短文，提出生活中的问题，并以经济学的视角回答。经过几年的积累，这些问题被收集成册，就成了出书的蓝本。

罗伯特·弗兰克教授对此课程的理解是：你只需掌握五六个基本的经济学概念，生活中的相关问题都会迎刃而解。就如同生物进化论，只要你理解了它，什么物种、组织、结构，都会变得简单起来。这也会使你对这门学科产生更浓厚的兴趣。

经济学要经世致用。巴曙松评论罗伯特·弗兰克的《牛奶可乐经济学》系列之所以广受欢迎，就在于其深切立足于现实的经济运行，是我们可以从实践中感知、可以从经济运行中判断、可以从案例中借鉴和学习的经济学，是鲜活的经济学，是蕴含智慧灵动之美的经济学。

除此之外还有《魔鬼经济学》。在这本书中，列维特和史蒂芬·都伯纳取材于日常生活，以经济学的方式来探索日常事物背后的世界：念书给婴儿听会不会使他日后成为一个好学生？游泳池比枪支还危险？贩毒集团的结构和麦当劳的组织很像，而且基层员工和小弟都没赚头，钱都进了总裁和大哥的口袋；父母教养方式的差异对孩子影响不大。

《魔鬼经济学》中确立了一个有悖于传统智慧的观点：如果说伦理道德代表了我们心目中理想的社会运行模式，那么经济学就是在向我们描述这个社会实际是如何运行的。

还有《酷玩经济学》。这本书用日常的例子、鲜活的漫画、幽默的语言为你上一堂经济学课。作者鲍曼是美国经济学家中用脱口秀讲经济学的第一人，他向经济学大师曼昆叫板，他用相声的内核+漫画的样式，打造出超酷、有趣、简单的经济学。

还有《怪诞经济学》。这本书揭秘商家不想让消费者看到、老板不想让员工看到、庄家不想让散户看到，但你又必须看到的事实。

故事力思维的本质就是化繁为简，化深为浅，制造趣味，让人的注意力集中在简单的事实之上。这也是我们中国新商科大学集团设计课程的一个初衷：让学生兴奋起来，并且让学生真正理解所学课程。

谢作诗教授的《麻辣烫经济学：经济学通识二十一讲》是我们进行的一个尝试，我希望以后类似这样的尝试越来越多。像当年白居易写诗，他的标准就是老妪能解。我们的学生将来出去做事，如果都达到老妪能解的程度，相信他们在社会上遇到沟通障碍的情况会更少。

我相信教育的目的之一是让学生拥有能为事件或者现象赋予越来越复杂、深刻、广阔的意义的能力。而老师是激励、鼓舞这个能力的人，他们能让知识生动起来。

当我们瞄准的时候，我们不应该瞄准烟雾，而应该瞄准实相。

最后，我想重温叶芝的一句话：教育不是注满一桶水，而是点燃一把火。希望我们的大学能用这把火照亮我们学生探索的前路。

彭鸿斌

2021年4月28日于洛杉矶

前言

讲深容易讲浅难

通识课是讲给非专业学生听的，很多人认为只有内容浅显学生才容易懂。这是一种片面的认识。通识课恰恰要展示最核心、最本质、最精华的部分，对学生才有强烈的吸引力。

首先，思想要深，要让学生感受到心灵的震撼。思想不深，教师讲起来平淡无奇，学生听起来索然无味，学生无法从中受到心灵震撼和启发，就起不到让人产生“巨大改变”的作用。

科斯定理深不深？当年芝加哥大学经济系的教授们在刚接触科斯定理的时候，全都认为科斯错了，可见其思想之深。但我在讲课的过程中发现，学生非常喜欢科斯定理这一节的内容。

其次，讲述的方式要浅。要用通俗易懂、风趣幽默的语言以及形象生动、最生活化的例子，把深刻的思想讲出来，要让没有任何专业基础的人都能理解，并且产生浓厚的兴趣。

通识课要避免大而全、泛而浅，要对知识点进行提炼，将教学重点放在对核心概念和基本原理的讲述上，并通过大量应用将其讲透。

本书就是遵循上述原则来写的。本书具有以下六个特点。

其一，本书是一部经济学的“十万个为什么”。

为什么女孩子一般都矜持、任性？为什么焦大不会爱上林妹妹？为什么古人重男轻女，今天人们又不了呢？为什么出租车一般选择在下午五六点下班高峰期交接班？为什么出口商品的质量一般会更好？为什么好马会配好鞍？为什么高校一般会采用文章、课题的数量和级别来度量学术？同样是教书，为什么过去一个月挣一千元，现在一个月挣一万元？为什么外地人到了北京，总要尽可能地去看看长城，而好多北京本地人却不急于去看？为什么在股票市场上人们总说趋势为王？西湖景区免门票后，周围商家收入增长可以理解，为什么景区和政府的收入也不减反增呢？

股市大跌，街道还是那街道、房子还是那房子、工厂还是那工厂，为什么说财富少了几万亿元？股市大涨，似乎一切也都没有变，为什么又说财富增加了几万亿元？一块土地，在可预见的未来，甚至几千年、上万年、几亿年，依然有经济价值，为什么地价不会高不可攀，有些还特别便宜呢？教育肯定比电影重要，为什么教师的工资远远不如电影明星呢？企业生产的时候要排污，企业因此伤害居民了吗？火车到了岔道口，左边一条道上有一个小孩在玩耍，右边一条道上有三个小孩在玩耍，已经来不及停车了，这时司机应该选择走哪边呢？

其二，本书讲述方式浅显，所举例子形象生动，特别是用了大量生活中的例子。

例如，利己和利他的统一性并不那么直观，但本书用“水果长着厚厚的果肉，是因为利他吗”一问，学生就能理解它们的统一性，甚至还能猜出二者相统一的大致前提条件。

又如，在讲到垄断并不消除竞争，只是改变竞争的具体方式时，我问：皇帝是不是垄断？皇帝独一无二，当然是垄断，但你们猜猜：谢老师想不想当皇帝？学生几乎异口同声地回答“想”。然后我补一句：你看，普通如谢老师这样的人都想当皇帝，竞争能不激烈吗？学生当即就报以会心一笑。我相信，他们此生再也不会被“垄断消除竞争”所迷惑。

再如，恩格尔定律讲：随着收入提高，人们在高档品上的支出比重会上升，在低档品上的支出比重会下降。我相信，很多老师都有这样的体会：这一内容虽然简单，但要讲得形象、有趣并不容易。我是这样讲的：由于新冠肺炎疫情，爸妈的收入下降了，给你们的零花钱少了；过去你们买高档化妆品雅诗兰黛，现在你们有两种选择，一种是不买化妆品了，素面朝天去见男朋友，另一种是买低档一点儿的大宝，你们会选择哪一种？几乎所有女同学都回答：买大宝！那么，如果不是收入下降，而是收入上升呢，不就是恩格尔定律了吗？你看学生自己就能够悟出这个定律了。

在讲成本概念的时候，我问：你们吃饭、穿衣的生活费算不算读大学的成本？当我刚刚说出“不读大学”几个字的时候，就有学生抢答“照样要吃饭、要穿衣！”他们立即就能明白，吃饭、穿衣的费用不是读大学的成本。紧接着，我问男同学：你给女朋友买的花、送的礼物，算不算跟她搞对象的成本？然后转而让女同学明白：假如他不跟你搞对象，不用给你买花、送礼物，但他还要跟别人搞对象，他照样要买花、送礼物，那么他给你买的花、送的礼物，就不算他跟你搞对象的成本；只有他不跟你搞对象后，从此就看破红尘，不再搞对象了，不需给别人买花、送礼物了，那么他给你买的花、送的礼物，才是跟你搞对象的成本。这样讲，不仅课堂氛围出人意料地活跃，而且当我紧接着再问同学们：把“她”字去掉，男同学买的花、送的礼物是不是他搞对象的成本？同学们齐刷刷地回答：是！我相信，自此他们真正理解成本概念了。

其三，本书经常变换角度看问题，正所谓“横看成岭侧成峰”。

例如，当讲到公共汽车上让座是不是利己时，本书就会反问：同样是这个人，在长途汽车上会不会让座呢？当一个人说自己是急性子、江山易改本性难移的时候，本书就会反问：你可能跟老婆、下属发脾气，你会跟老板发脾气吗？又如，一般认为灯塔是公共物品，本书就会问：如果经营范围扩大，企业可以经营整个港口，那么灯塔还是公共物品吗？

我相信，换个角度看问题，不仅可以大大开阔学生的视野，而且能够让学生更好地看清事物本质。

其四，本书精心打磨基本概念，让学生不仅知其然，更知其所以然。

例如，边际是增量，是最后一个单位，可是我们已经有增量的概念，为什么经济学家还要构造一个边际的概念呢？因为经济学研究价值问题，价值和稀缺性相联系；边际不只是增量，更强调是在怎样的存量基础上的增量，这样就和稀缺性联系起来了。在边际效用递减规律的作用下，作为边际产品之价值的价格，就成为稀缺性的度量。

又如，弹性是一个刻画因变量对于自变量变化敏感程度的变量，可是，变化率就是这样的变量，我们已经有变化率的概念，为什么经济学家还要构造一个弹性的概念呢？我这样给同学们讲述这个问题：涨价1元，鸡蛋的需求量减少1斤，圆珠笔的需求量减少2支，能不能说圆珠笔对价格变化更敏感呢？不能。因为除了它们的量纲不一样、没法直接比较之外，它们是在怎样的基础上涨价1元，也是大有差异的。是在1元基础上涨价1元呢，还是在100元基础上涨价1元，价格的变化程度存在天壤之别。弹性就是既消除了量纲，又考虑了是在怎样的基础上发生变化的一个变化率，即因变量和自变量之间的相对变化率。

再如，一般的教科书都会分别讲述各种价格歧视，但对于它们背后的一般原理并没有展开讲。本书则通过提炼其背后的一般原理，让人看懂形形色色的产品定价。原来，产品的价格应该由消费者的支付意愿来决定，而不是由其生产成本决定。如果消费者愿意出高价，即便是白捡来的，也应该卖高价。即使是高成本生产出来的，如果消费者不愿出价，那也没法卖出高价来。因此，产品定价的核心是区分消费者，根据其支付意愿进行差别定价。这就是价格歧视。最理想的当然是根据每一个消费者的支付意愿差别定价，这样就能完全占有消费者剩余。这就是完全价格歧视。显然，一般来说这是做不到的，替代的办法是把支付意愿相近的消费者分成一组，按组来差别定价，这样也能最大限度地占有消费者剩余。于是就有了按照地域、收入水平等形形色色的分组定价方式。像苹果公司不断推出新款手机，汽车厂商设计出高配、低配车型，让消费者自己选择，也是价格歧视。甚至，像饮料第二杯打折这样的做法也都是价格歧视。

我相信，经过这样的打磨，学生对这些概念的理解一定会上一个台阶。

其五，本书界定了市场和政府的边界，捍卫了市场经济。

本来，经济学应该是一门理解市场如何运行的科学，然而主流经济学搞出种种市场失灵，把重点放在如何避免市场失灵上。

本书否定了种种市场失灵的说法，证明市场可能缺失，但是不会失灵。本书严格区分权利清晰界定的私域和权利不能清晰界定的公域，指出私域不管出现什么情况都是有效率的，第三方都不能进行干预；但是在权利不能清晰界定的公域，就不能排除政府干预。本书指出，在正交易费用的真实世界，完美不是有效率，不完美反而可能有效率。这样，既不像主流经济学片面扩大政府干预，也不像无政资完全否定政府干预。

大家一定要明白，过度主张政府干预和完全否定政府干预，其实都是在为干预提供土壤。

其六，本书具有诸多原创思想，对主流经济学做了不少改进和发展。

例如，本书把理性人假设（人人追求约束下的利益最大化，也叫利己假设）中的约束条件，处理成主观所认识到的约束条件，而不是客观存在的约束条件。于是，像今天我买了股票、明天股票就大跌这样的行为，也都是理性行为了，因为我不知道明天股票要大跌。只有明明知道明天股票要大跌，今天偏偏还买，才能说明我是非理性的。这就在基础上真正保证了可以把所有看起来不理性的行为都处理成理性行为，经济学才真正完备、兼容起来。

又如，马歇尔说：短期，成本不影响价格；长期，成本影响价格。这显然和成本的定义相矛盾。这个手机的成本是多少？是因为持有它而放弃做别的事情的机会，假如此时此刻这个手机的市场价格为2000元，那么持有者就放弃了用2000元去做别的事情的机会。因此，不是成本决定价格，而是价格决定成本，成本永远等于价格，即：手机的成本等于它的市价2000元。但是，成本怎么可能不影响价格呢？本书指出，成本真的不影响价格，影响价格的其实是预期成本，而预期跟时间长短没有关系。

再如，自经济学诞生以来，一直认为外部性是导致市场失灵的原因之一。然而本书认为，人与人的相互影响是与生俱来的，但人不是木头，他们一定会想方设法鼓励好的相互影响、限制不好的相互影响，各种制度就是来做这个事情的，而市场正是这样的制度之一。道德、法律、政府也是这样的制度，甚至“物以类聚、人以群分”“个体向总体均值回归”（如高个子的儿子大概率比其矮，矮个子的儿子大概率比其高）诸如此类的，也都是解决外部性的机制。因此，不是外部性导致市场失灵，相反，因为有了市场，才大大减少了本来广泛存在的外部性。

本书认为，“合成谬误”是错的，科斯反定理是错的，“囚犯难题”部分是错的……

这本书会让浅者不觉其深，深者不觉其浅。我相信，只要有一定的生活阅历，都能读得懂。即使是博士生、大学教授，亦不会感觉浅白无味，也会大有收获。

本书名叫《麻辣烫经济学：经济学通识二十一讲》，很有《魔鬼经济学》《牛奶可乐经济学》的味道，但与它们又有所不同。后两者重在用经济学的概念、原理、方法分析各种现象、行为，揭示事物本质。本书也大量做了这样的工作，但是，本书的重点是对经济学的概念、原理、方法本身进行讲授。用其概念、原理、方法分析各种现象和行为，最终目的是理解概念、原理、方法。换言之，本书的重点在于讲授经济学本身，授人以渔而不是授人以鱼。

本书讲述的经济学不仅完备、兼容，而且通透、纯粹；不仅内容深刻、有启发性，而且讲述方式浅显、有趣。本书适合做经济学通识课的教材，也适合大众阅读。

谢作诗

2021年4月28日

目　录

第十二讲 | 企业理论

第十三讲 | 生产理论

第十四讲 | 产品定价

第十五讲 | 利息、收入与财富

第十六讲 | 资产价格决定

第十七讲 | 垄断与反垄断

第一讲 | 人人都要学点经济学

一、经济学是什么

一说到经济学，人们首先想到它是赚钱的学问。但是，这个答案不对。

比较接近正确答案的说法是：经济学是研究资源配置的科学。

那么，资源是谁去配置的呢？是人。因此，研究资源配置，本质上是研究人的行为。经济学这个术语有些误导人，正确的叫法应该是**人的行动学。**

有人说：我不做经济实务，也不研究经济理论，因此不用学习经济学。这个说法对不对？不对。经济学是研究人的行为的科学。凡是涉及人的行为，经济学都大有用武之地。经济学是一套看世界的视角和方法。人人都要学点经济学。

贝克尔用经济学的方法研究婚姻家庭，获得诺贝尔经济学奖。福格尔、诺斯用经济学的方法研究历史，获得诺贝尔经济学奖。为了展示经济学的广泛用途，这里我以井田制为例，做一个经济学的分析。

历史教科书上讲，井田制是一种土地产权界定形式。但是，学过经济学后我们就会产生疑问：今天我们尚且借助自然沟壑界定土地产权，三千年前土地远没有今天稀缺，人们为什么要对土地产权做那么精致的界定呢？

三千年前土地不稀缺而劳动力稀缺，事实上，当时的分封制主要是封人，而不是封土。因此，从逻辑上来讲，我们应该观察到那个时代精致的劳动使用合约，而不是精致的土地产权合约。

那么，那个精致的劳动使用合约在哪里呢？

我们知道，任何社会都需要劳动分工。人类社会从产生到现在一共有三种劳动交换的方式：一是通过支付货币进行交换，二是通过交换劳动产品进行交换，三是直接交换劳动本身。

三千年前没有货币，第一种方式不可用。那时候运输能力弱，运送产品成本太高，路上还可能被游牧民族打劫，因此，通过交换劳动产品交换劳动并不经济。那怎么办呢？办法就是直接交换劳动本身：贵族负责保卫城邦，平民则帮贵族种地。

可是，平民为贵族种地，不可能像给自己种地那么尽心尽力。怎么办呢？办法之一是找人监督。但因为劳动非常稀缺，用稀缺的劳动监督劳动本身就不经济。而且，农业劳动不像工厂流水线上的劳动那样容易监督。于是，祖先们想到另一个办法，把田地划分成小方块，每家分种一块。至于平民家派男人来还是派女人来，派老人来还是派小孩来，都不用管，反正先把贵族的公田种完，然后才能回去种自己的私田。由于农业生产季节性强，所以平民就会抓紧种完贵族的田地。当然，这样做可能图快，但那时候农业是粗放经营，图快并不是大问题。

可见，井田制不是对土地产权的界定，而是一种劳动交换合约。井田的大小代表了平民所交税赋的多少，其大小当然要相同，这样才能体现公平。长方形及其他形状都不好，就正方形最好，最直观，一眼就能看出大小是否一样，谁也不用挑肥拣瘦，既公平又有效率。

而且，我们可以推断，井田只适用于贵族的公田，平民的私田则没有必要做“井”字划分。我们甚至可以推断，当货币出现之后，井田制就没有存在的必要了，就会逐步消失。

三千年前，老祖宗把那张精致的劳动合约写在了大地上，只是我们缺少智慧，不曾读懂。

发生在三千年前的事情，很难通过新的考古发现来还原当时的情景。但利用经济学原理，凭借有限的考古发现，我们可以再现当时的情景，可以给出新的解读。

经济学在别的学科也有广泛用途。法律经济学用经济学方法分析法律问题。这门学科就是由经济学家、诺贝尔奖得主科斯教授开创的。教育经济学用经济学方法研究教育问题，也是当今热门的研究领域。至于经济学在管理学中的应用，就更不必说了。

大家都在淘金，你想比别人淘到更多的金子，就必须改善方法、改进工具。例如，他人用法学方法研究法律，你用经济学方法研究，那么就能看到别人看不到的。这就是创新。

创新更多是方法创新、工具创新。经济学绝不只是研究经济问题的学科，它本身就是一门具有方法论意义的学科。这使经济学可以广泛应用于各个领域，因此有“经济学帝国主义”之说。

经济学用简单的视角和方法看复杂的世界。科斯说：经济学能够告诉我们的只是一些基本的道理。今天人的行为逻辑和三千年前有什么不一样吗？没有。人性都一样，人的行为规律从来都没有变过。因此，如果理论复杂到叫人看不懂，那么十有八九这个理论是错的。

经济学是什么？**经济学是人的行动学，它研究人的行为，是一套看世界的视角和方法。**

人们常说“眼见为实”。实际上，不学经济学，我们经常被自己的双眼蒙骗。事物的本质经常和表象不一样，甚至完全相反，而经济学能够让我们透过现象看到事物的本质。

思考题

想想看，为什么有“经济学帝国主义”一说，没有其他学科“帝国主义”之说呢？

二、学与不学经济学，两个世界，两种境界

下面，我用两个具体例子，展示一下经济学如何帮助我们看清事物本质。

宋熙宁中期，江浙地区发生旱灾蝗灾，米价暴涨。别的州都张贴告示，禁止商家涨价，唯独越州知州赵抃张榜鼓励有米的人加价出售，于是四面八方的米商都把米运到越州。别地多有饿死人的，而越州不但没有饥荒，当地的米价反而很快平抑了。冯梦龙《智囊》一书中对此事有评论：“物多则贱，少才贵。不求贱而求多，真晓人也！”

表面上，因为米贵，灾民们出不起价、买不起米，所以才饿死人。

实际上，为什么米贵？是因为米少。米少才是根源！设想一下：只有1斤大米，就是不要钱白吃，会不会饿死人？照样会！

因此，解决问题的办法，只能是增加大米的供给！

那么，怎样才能增加大米的供给？允许涨价！价涨后，利润高了，人们就会夜以继日地生产，并将四面八方的大米运过来，大米就多了。供给多了，价格自然就降下来了。

所以，**涨价是增加供给的有效手段，允许涨价才是降价的有效手段。**光有好的愿望是不够的。如果我们不学习经济学，不了解事物的本质，往往好心得不到好的回报。

众所周知，重男轻女现象曾长期存在于人类社会，不只中国有，外国也有，并且被认为是落后的、不合理的。真的是这样吗？

假设你家里有两盆花，一盆名贵，一盆普通，然而家里的水只够浇一盆，请问：你会优先浇哪一盆呢？你一定会优先浇名贵的那一盆。

那我告诉你，在古代，男孩子天然就是那盆名贵的花。设想一下：你家请了一个保姆，月薪3000元。有一天保姆跟你说：老板啊，你每个月给我3000元，相当于每天100元，你看这样好不好，以后我想来就来，不想来就不来，来一天你给我100元，不来你就不给。请问：你会答应吗？

你不会答应的。因为你买的不是保姆一天100元的服务，而是要她在一个月的工作时间里连续服务，随叫随到。如果保姆想来就来，不想来就不来，你最多一天给她80元。

能够连续在公司上班的人，一定比时不时请假的人价值要高，道理是一样的。

女人因为要生孩子，没有办法始终在公司上班。生一个两个孩子，请一次两次产假，也就罢了。问题是，古代没有避孕措施，女人们隔两年就要生一次孩子、请一次产假！

在古代，女孩就是那盆不名贵的花。

不名贵也就罢了，关键是她还可能夭折。

古代医疗条件差，女人生孩子，就是半条腿迈进鬼门关。而且，隔两年就要到鬼门关前走一遭。

女孩这花儿不仅不名贵，还可能夭折，作为父母，你会选择在她身上投资吗？不会，除非你家有用不完的余钱。所以，古代教女孩读书识字的，一定是大户人家。

男孩子不一样，只要养大成人，活到50岁，为家族贡献二三十年，一般没有问题。

物质贫乏，任何无效投资都必须严格避免，否则，家族生存、基因延续就要出问题了。

我讲重男轻女，你们不要以为我重男轻女。我一个大男人，怎么会重男轻女呢？我喜欢女儿，老了，身边还有女儿相陪，能不开心吗？不是我重男轻女，是我父母啊！

小时候，好吃的都是优先我。现在大家觉得糖不算什么，但我小的时候那可是宝贝。这个宝贝只有我的份，我姐想吃，就得哄我，我开心了，才会给她一点；不开心，门儿都没有。

小时候，我只要看书写字，就可以不干农活。可是同样也在上学的姐姐就不行，她得放下手中的书，先把农活干了再说。

今天我们不需要重男轻女了，是我们比古人文明吗？不是。是因为物质丰裕了，能够同时满足男孩和女孩的需要。

结论是什么？并非人们喜欢重男轻女，而是经济不发达、技术落后，就只能重男轻女。

重男轻女经常和经济落后相伴随，但不是重男轻女导致经济落后，而是经济落后，人们只能选择重男轻女。重男轻女其实是经济技术落后条件下的一种生存智慧。

这里，我们介绍两个知识点。

规范分析：也叫主观价值判断。它回答“好不好”“应不应该”。

实证分析：也叫客观事实分析。它回答“是什么”“为什么”。

重男轻女好还是不好，应该还是不应该？回答这样的问题，就属于规范分析。为什么会有重男轻女的现象？为什么古人重男轻女今人不会？回答这样的问题就是实证分析。

价值判断没有客观标准，100个人有101个答案，因为可能有一个人睡了一觉改变主意了。而且，价值判断也太简单了。王小波曾说过，公兔子也知道，母兔子好、大灰狼坏。

我们的经济学只做实证分析。我们不问重男轻女好不好、应不应该。我们分析为什么会有重男轻女的现象，为什么过去重男轻女、现在又不了。

这并不是说价值判断不重要，而是我们要在事实分析的基础上再做价值判断。

同样是父母，为什么过去重男轻女今天又不了？这启示我们：

第一，**不要抽象地对事物做断言，必须在具体的环境、条件下进行评判。**

不要简单说重男轻女好还是不好、应该还是不应该，而要放在具体的环境中去评判。在古代，重男轻女就是好的、应该的，否则种族都难以延续，但在今天，就不好、不应该。

第二，**环境变了，条件变了，人的行为也就随之发生变化。**

我们不喜欢重男轻女，正确的做法是什么呢？发展经济、创新技术。当财富丰裕了，医疗技术发达了，人们自然就不重男轻女了。这就是经济学对重男轻女现象的解读。大家觉得有没有道理？

员工不努力怎么办？从经济学的角度，办法是建立好的制度，尤其是好的激励机制。

思考题

请讲述一个你被表面现象蒙骗的例子，说说你又是什么时候意识到被蒙骗了。

三、经济学：一门学以致用的学问

有人说：经济学虽好，但只是思辨游戏，实用价值不大。

错，经济学有很大的实用价值。

问个问题：房价和地价有什么关系？

大家的第一反应可能是：地价高，房价也会高。所以，当一个地方出现了“地王”的时候，人们就认为房价不会跌。很多人会这样想：地价都这么高了，房价怎么可能跌呢？

其实，不是地价推高了房价，而是房价拉高了地价；是房子卖得太火爆，开发商纷纷去抢地，反过来把地价拉高的。而且，要素价格和产品价格之间也不一定就是正相关的关系。

例如，直觉上，饲料价格和猪肉价格之间应该是正相关的关系：饲料价格高，猪肉价格也高；饲料价格低，猪肉价格也低。但实际上，饲料价格和猪肉价格之间是负相关的关系。

猪肉价格高，说明猪少；猪少，对饲料的需求就少，饲料价格就低。猪肉价格低，说明猪多，猪多，对饲料的需求就多，饲料价格就高。因此，饲料价格和猪肉价格反向变化。

我的一位网课学员在一家大型饲料厂工作，他父母在家里养了1200头猪，当他发现饲料价格在下降后，就打电话让家里推迟一个月卖猪，结果为家里多赚了20万元。

那么，是不是饲料价格和猪肉价格就永远反向变化呢？

不一定。例如，贸易摩擦使粮食进口减少后，饲料价格贵，猪肉价格也可能贵。在其他条件不变的情况下，饲料价格和猪肉价格才反向相关；当其他条件变了之后，就不一定了。

要素价格和产品价格之间到底是什么关系，这个问题并不像直觉感受的那样简单。它不仅有趣，还能帮助我们很好地理解经济学基本原理。后面我再详细讲。

2018年9月，阿里巴巴电话采访了我，要我分析经济下行对消费的影响。我的回答是：经济下行，收入会减少，消费也会减少，但是，不会是简单的消费总量的减少，而是会发生高档品的消费大量减少、低档品的消费反而增加这样的结构性变化。

其实，这个分析逻辑早就有了。

2001年，美国发生“9·11”事件后，变得不再安全。对富人们来说，住着豪宅，开着名车，太太貌美如花，不安全的代价太大了。因此，他们一定会减少在美国的投资。投资下降，美国经济必然放慢。而美国是世界火车头，其经济放慢，中国经济也会放慢。这是当时大多数人的看法。但是《经济学消息报》总编高小勇先生不同意这个看法。他说：美国经济放慢，消费不会是简单的减少，而会从高档品转向低档必需品，而中国正是生产低档必需品的国家，中国的机会来了。

果不其然，2002年，中国一跃成为世界第一大FDI（外国直接投资）流入国。事实印证了他的超前分析。

学过经济学后，在经济下行的趋势中，你就不会去买奢侈品公司的股票，而会选择购买生产榨菜、方便面、酱油这样的低档必需品公司的股票。

其中的道理不难理解：收入下降了，一个一直用名牌化妆品的女士，她会选择不化妆，素面朝天地去上班吗？不会，她还要化妆，只不过不再买昂贵的SK-II、雅诗兰黛，而改为大宝或者其他低档化妆品。收入高的时候，你会选择吃蟹黄面。收入降低了，你不会宁肯吃不饱，也要坚持吃半碗蟹黄面，而会改吃鸡蛋面，起码能吃饱。这其实就是恩格尔定律的一种变通应用。

恩格尔定律：随着收入提高，用于食品等必需品的支出比重会下降，用于教育、旅游等高端消费品的支出比重会上升。有人因此提出榨菜指数的概念，通过观察榨菜的销售量来观察经济的景气程度：榨菜销售得好，说明经济萧条；销售得差，说明经济繁荣。

方向永远比努力重要。方向对了，或快或慢，离目标总会越来越近。俗话说要顺势而为。经济学恰恰能够帮助我们判断经济趋势。

经济学不是赚钱术，它是一套看世界的视角和方法。经济学能够帮助我们正确理解世界，因此，它是有助于我们赚钱的。

思考题

有人说“你有怎样的观念，便有怎样的世界”，你认为这句话有道理吗？

第二讲 | 理性人假设

一、利己假设

经济学是研究人的行为的学科。

教育学、心理学、管理学也研究人的行为，那么经济学与这些学科有什么区别呢?

区别就在于，经济学用行为假设、公理化的方法来研究人的行为。

为什么要用行为假设、公理化的方法来研究人的行为呢?

这是因为：要说明甲概念，需要借助乙概念，要说明乙概念，又需要借助丙概念，一路下去，总有一个概念是不能用别的概念来说明的，相反，它是用来说明别的概念的逻辑基础，否则就是循环逻辑。这个概念就是不定义概念。同样的道理，要证明甲命题，需要借助乙命题，要证明乙命题，又需要借助丙命题，一路下去，总有一个命题是不能用别的命题来证明的，相反，它是用来证明别的命题的逻辑基础，否则也是循环逻辑。这样的命题就是公理。

一切科学理论，都必须是公理体系，否则无法解决循环逻辑的问题。

是否是公理体系，是科学与非科学的重要区别。在人文社会学科中，只有经济学是科学，因为只有经济学才是公理体系。阿罗（Kenneth Arrow）和德布鲁（Gerard Debreu）因为把经济学建成严格的公理体系而获得诺贝尔经济学奖。

“科学”二字是不可以随便乱叫的。并非科学就比非科学重要，而是作为科学的理论一定是公理体系，称得上科学的一定要是公理体系。文学、宗教、艺术都不是科学，但它们重要；爱情也不是科学，同样重要。甚至，仅仅有科学，人类是不会幸福的。

那么经济学最基本的公理假设是什么呢？

是人人追求约束下的利益最大化。这也被叫作约束下利益最大化公理。

约束下利益最大化公理也被叫作理性假设或者利己假设。叫法不同，意思其实一样。

首先，利益是主观的。有人逐利，有人求名；有人爱江山，有人爱美人，都是逐利。所谓萝卜白菜，各有所爱。不能说，你爱江山是逐利，我爱美人就不是。这就是主观价值论。

其次，人们追逐的是约束下的利益最大化，不能离开约束条件谈利益最大化。不能因为谁最美，我就去追求谁。我会根据自身条件，追求有可能成为我女朋友的美女。城里人让孩子又是学钢琴，又是学舞蹈，有的农民甚至不送孩子上学，这些农民不理性吗？不是，是条件不允许！

最后，有两种约束，一种是客观存在的约束，另一种是主观认识到的约束。**理性的实质，不在于人们能否正确认识客观存在的约束条件，并依据这个约束条件追求利益最大化，而在于人们是否根据自身所认识到的约束条件，寻求该约束条件下的利益最大化。**

也就是说，理性不在于你追求的目标是什么（主观价值），而在于你是否追求约束条件下该目标的最大化。而且，这个约束条件不是客观

存在的约束，而是主观认识到的约束。

例如，昨天我买了股票，今天股票就大跌；下午我浇了草坪，晚上就下了一场大雨。能说我不理性吗？不能，因为以我昨天所掌握的信息来看，股票就是要涨，我也不知道晚上要下雨。只有我明明知道股票要跌还买，明明知道晚上要下雨还去浇草坪，这才是不理性。

人们强调主观价值，但没有人强调约束条件的主观性。不做这样的处理，像前述下雨前浇草坪、下跌前买股票等众多现象就无法被兼容到理性概念中。

主流的办法是创造有限理性的概念。但是，有限理性概念无法成为经济学的基础。正如可以假设人是利己的，也可以假设人是利他的，但不能假设人既可能利己，也可能利他。

假设人是利己的，那么可以推断：地上有50元，四周又没人，你会把钱捡走。如果没有人捡，那么利己经济学就被证伪了。假设人是利他的，那么可以推断：钱不会被捡走。如果钱被捡走了，那么利他经济学就被证伪了。但是，如果假设人既可能利己，也可能不利己，那么就没有办法证伪了，因为他总是“对”的。钱被捡走了，他说人是利己的；钱没有被捡走，又说人是利他的。

同样，如果用有限理性做经济学的公理假设，经济学就没有解释力，就不再是科学了：我做了正确的事，你说我理性；我做了错误的事，你又说我有限理性。

经济学必须用一个理性概念就能够解释所有现象，这就叫作科学理论的完备性。

理性并非不犯错误。不犯错误是完全理性，即人们能够正确认识客观环境，并据此求得最优解。有限理性则指人们未必能做到这一点。与有限理性和完全理性相联系的是环境的复杂性和不确定性，以及人的认知能力的局限性。理性仅指追求约束条件下的利益最大化。

理性和有限理性、完全理性不是同类事物，完全理性和有限理性才是。跟有限理性相对应的不是理性，而是完全理性。可以用有限理性否定完全理性，但是不可以用它去否定理性。主流经济学把理性处理成完全理性是错误的，行为经济学拿有限理性去否定理性同样不对。

这里我们可以看出，经济学的理性、利己概念，跟日常生活中所说的不完全是一回事。**经济学的“利己”是个中性词，不是贬义词。**事实上，后面我们将从利己假设推导出利他行为来。

可以用利己假设构建经济学，也可以用利他假设构建经济学，那么选哪个好呢？在利己假设下，可以解释利他行为，但在利他假设下，无法解释利己行为，因此经济学选择利己假设。

思考题

你知道阿尔钦、弗里德曼是怎么挽救理性人假设的吗？是他们的解读好，还是本书的解读好？

二、好问题方有好答案

经济学假设人都是利己的，难道慈善也是利己的吗？

弗里德曼说：愚蠢的问题只会产生愚蠢的答案。

不要问慈善是不是利己的，因为按照定义，所有行为都是利己的。正确的问题是：一种是署名捐钱，另一种是匿名捐钱，哪一种方式下捐的钱多？正确的问题是：假如不允许以李嘉诚的名字命名大楼，他会捐得更多还是更少？

如果匿名时捐得少，那么并没有推翻利己假设。只能说，这个时候他追求的不是财物这样的利，而是名声这样的利。不管是财物，还是名声，归根结底都是利。必须这样一般化地看问题。只有匿名时捐得多，才会推翻我们的利己假设。

父母对孩子的爱是利己的吗？这同样是一个愚蠢的、没有意义的问题。

正确的、有意义的问题是：假如家里有两个孩子，一个孝顺、上进，另一个忤逆、败家，那么父母更喜欢谁呢？如果更喜欢孝顺的、上进的，那么不能说父母对孩子的爱就不是利己的。只有父母更喜欢忤逆的、败家的，才能证明父母对孩子的爱是非利己的。表面上，父母并没有从爱孩子中得到好处，实际上，父母追求的是家族名望等精神上的满足。

在第一讲分析重男轻女问题的时候，我们讲过：父母对待儿女，同样充满了功利计算。

一个人自虐，这也是利己吗？是，这也是定义性规定。

我们要问的是：什么让他如此选择的？这才是正确的、有意义的问题。对于利己假设来说，重要的不是追求什么（主观价值），而是如何实现他所追求的。理性（利己）的本质是用最有效率的方式实现他所追求的目标。

对于自虐者来说，我们要问的是：他自虐时选择痛苦小的方式，还是选择痛苦大的方式？如果是前者，那么说明他还是一个利己的人。

公共汽车上经常有人给老人让座，这难道不能证明世界上有不利己的人吗？

公共汽车上让座是举手之劳的事，没有什么成本，却可以获得周围人们的好感，所以有人选择给老人让座。我们要问的是：同样是这个人，在长途汽车上，他还会让座吗？

据说，经济学家弗里德曼特别善于问问题。每当你向他提出一个问题的时候，他总会说："让我改一改你的问题，可以吗？"经他一改，你立即就能看清问题的本质。

我们凡夫俗子没有弗里德曼的本事怎么办？那就试着对同一现象从多个角度去观察、去发问。“横看成岭侧成峰”，试着从不同角度看问题，就容易看清问题的本质。

司马迁在《史记·货殖列传》中写道：天下熙熙，皆为利来；天下攘攘，皆为利往。你仔细观察的话，就会发现生活中充满着利己行为。以买鸡蛋为例：人们在农贸市场上买鸡蛋时，总是喜欢挑个儿大的。这说明人是利己的。当然，并不是每一个人都去挑个儿大的，也有一些人专门挑个儿小的，一打听，人家是卖茶叶蛋的。所以，人还是利己的。

你看见一个人正在斩断自己的手指，这该不是利己吧？但实际上，他断指是为了存腕。《墨经》《大取》篇中说：“断指以存腕，利之中取大，害之中取小也。害之中取小也，非取害也，取利也。”

有人说：我经常冲动购物，买了衣服、鞋子，却从来没有穿过，我就不理性。

你买衣服、鞋子可能冲动，但是买车子、房子的时候就绝对不会。

冲动购物并非不理性。买件衣服、买双鞋子，要想配什么裤子、适合什么场合穿，这其实是很费神的。那就不管三七二十一，先买下来再说。冲动节约了思考和权衡的时间。我们日常评论一个人会做人时，常用的一句话是：这个人大事清楚，小事糊涂。在时间、资源有限，不可能什么事都精心计算的情况下，以小事上的冲动换来大事上的清醒，何乐而不为呢？

理性的含义是进行成本收益计算，而很多事不值得计算，因此，冲动本身就是理性。

还有人说：我这人天生性格就火爆，控制不住自己的情绪。可是，你可能跟下属、老婆，甚至父母发脾气，但你不大可能跟老板发脾气。因为你是计算了成本的。

你可能会说：难道犯罪也是理性的吗？研究表明：如果被抓的概率高，那么犯罪率就低；被抓的概率低，那么犯罪率就高；但如果惩罚过严，那么犯罪也会增加。可见，犯罪其实也是理性行为。

理性与犯错误、做蠢事不矛盾。犯错误、做蠢事与完全理性才矛盾。种种错误，其实是信息不充分、知识不足所导致的。学生考试答错了题，不是他不理性，而是因为他不知道哪个是正确答案。企业家经营失败了，不是他不理性，是因为他对于市场的判断出现了偏差。

既然利己是公理假设，那么就是无须证明的，也是不可能证明的。而且，要否定经济学的基本假设，也不能直接去否定它，而要从基本假设推出一个可以验证的命题，如果这个命题被证伪了，才能说基本假设有问题，才需要去修改基本假设。

人都利己还有一个重要的实践含义：**如果你想劝说别人做某事，要晓之以利，而非晓之以理。**我的一位学员给我讲，经济学让他彻底改变了做事的方式。有一次，他家楼道的电梯坏了，他向物业反映，可是物业不积极维修。于是他就给安监局打电话：“我发现某小区的电梯存在隐患。没有别的意思，我只是担心发生事故。”为了提高对方不作为的成本，他还特意说：“今天的电话我录音了啊！”结果物业很快就维修了电梯，并且从此对他刮目相看。

思考题

你能否根据自身经历，再举一个从不同角度看问题更容易看清事物本质的例子？

三、利他与利己的统一性

利己假设和利己行为不是一回事。利己更不等于损人利己，利己的人可以做出利他的行为，也可做出损他的行为。

表面上，利己行为与利他行为是对立的两种行为，实际上，它们都源于利己。亚当·斯密说的“个人的功利计算在道德规范的形成过程中扮演了重要的角色”就是这个道理。墨子也讲“义，利也”，并且比斯密早多了。可惜的是，我们忘记了老祖宗的智慧。

你在火车站、旅游景点买东西，“挨宰”的可能性大一些，但在小区的商店买东西，“挨宰”的可能性就小得多。这并不是火车站和旅游景点的商人坑蒙拐骗、不讲信誉，小区的商人就讲信誉、不“宰人”。不信，让二者互换一下位置，他们的行为立马就会颠倒过来。

小区的商人之所以不“宰人”，是因为他知道他的顾客是附近的居民，他期望他们成为回头客，以后还能赚他们的钱。火车站、旅游景点的商人，他们的顾客买了东西就各奔东西，基本是一锤子买卖，为何不“宰”？所以讲信誉、不“宰人”，利益使然；不讲信誉、“宰人”，同样是利益使然。

同样的道理，重义、守时、不讲假话等社会美德，也都是人们功利计算的结果。

你把重义、守时、不讲假话看作是利益计算的结果，就可以解释有时候人们可能不讲义气、不守时、讲假话；反之，如果你都归结为是人品、人性，那么就无法解释人的多变性。

斯密就明确指出了这一点：商人关注企业的社会责任，或者关心慈善事业，不是因为利他的缘故，而是因为在既定的社会环境之中，这样的行为对于最大化他们的利润是必需的。

这就是说，所谓利他，其实是利己的产物。

只利他人，无疑高尚，但未必所有人都能做得到。并且，从造福社会的角度看，未必就有更好的结果。

设想，我们都是君子国中的人。我卖杯子，你买。我说：我这个杯子质量不咋地，又是我用旧的，就卖你7元吧。你却说：大哥，其实你这杯子质量挺好，虽然是用过的，但是谢老师你用过的，你不能只卖7元，怎么说也得9元。听你这么一讲，我赶紧说：兄弟，刚才我已经要了你高价，已经很不好意思了，现在我只能卖5元，多一分钱，我都不能卖！

你们说，这谈判有均衡吗？这交易能做成吗？

没有均衡，做不成交易！

今天我们知道，人类社会物质和精神产品之所以极大丰富，完全得益于分工和专业化。亚当·斯密的《国富论》全名是《国民财富的性质和原因的研究》。顾名思义，他是要探讨财富的性质和源泉。他开篇就讲制针的例子：一个人造针，一天造不出一根针，但几个人分工合作，每人每天可以造出很多根针来。在斯密看来，分工和专业化就是国民财富的源泉。

可是，没有交易，一定不会有分工和专业化。我专业化生产经济学知识，但如果既不能用它买衣服，也不能用它买食物，我不是早被冻死了，就是早被饿死了，又怎么能够专业化生产呢？没有交易的社会，生产力一定不发达，就不能抵御灾害，就难以生存下去，所以今天我们就找不到君子国。

那么人人利己又怎样呢？为己而谈判，你要价7元，我还价5元，我们可以向中间谈，6元成交。于是，谈判有均衡，交易可以达成。交易能达成，分工和专业化就可以进行，人类的物质和精神产品得以丰富起来，人类也因此能够抵御自然灾害从而可以生存下来。

我们对道德的定义或许有值得商榷的地方。凭什么只有为他人才是高尚的、道德的，为自己就不是呢？他人是人，难道自己就不是人了？只要不损人利己，为人服务，包括为自己服务，都是道德的。

然而，人们担心利己的人会做出损人利己的事。这种担心当然有道理。

人的利己既有造福社会的一面，也有危害社会的一面；既能导致利他行为，也能导致损他行为。这是一枚铜钱的正反两面，你不能只要正面，不要反面。你可以不要损他行为，但不能不要利己。因为没有利己，虽然没有损他行为，但是也不会有利他行为。

经济学应该关注的是：在怎样的约束条件下，利己的个人会有损他行为，在怎样的约束条件下又会有利他行为；在怎样的约束条件下，人的利己造福社会的一面大于危害社会的一面，在怎样的约束条件下，造福社会的一面又小于危害社会的一面。这才是根本。

斯密在《国富论》中讲得好："茫茫人海，大家终日为私利忙碌奔波。制造商采用最有效率的生产方式以便获得最高利润，工人选择为最有效率的厂家工作以便获得最高工资，消费者从最有效率的商家那里购买商品以便花钱最少。每个人在追求自身利益的时候，不知不觉做了对大家都有好处的事情。"

斯密是第一个系统论述利己可以与社会福利最大化相容的人，《国富论》中讲道："我们之所以有面包吃，不是因为面包师仁慈，而是因为他想赚钱……在他追求自身利益的时候，有一只'看不见的手'让他的努力转变为对社会利益的促进，并且其效果比他刻意去促进社会利益时要好得多。"

斯密所说的"看不见的手"就是市场的作用。斯密的意思是，虽然我们每个人都在追求私利，但我们在追求自身利益的过程中，也帮助了他人。一个人在市场中追求自己的利益，就是在帮助他人。例如，早餐店老板每天早上4点多就起来做早餐，他只是为了赚钱，但他在赚钱的过程中也帮助同学们吃到了早餐。而你去买早餐，只是为了填饱肚子，但你在买早餐的过程中也让老板赚到了钱，感到开心。你和早餐店老板明明都只是在追求自己的利益，但却实现了互帮互助，互利共赢。市场经济就是这样一种人人为我，我为人人的机制。

斯密强调在“看不见的手”（市场）的作用下，人的利己具有促进生产、增加社会福利的一面，但是，他没有考察“看不见的手”（市场）发挥作用的前提条件。最重要的条件，就是产权受到保护和法治得到保障。

在产权受到保护、法治又有保障的前提下，一个人爱财，就只能通过利人利己的方式来实现。不能偷、不能抢、不能骗，因为那样就侵犯了他人的产权，会受到法律的制裁。利己不等于损人利己。而且，损人利己也不是利己的错，而是制度不合理的错。

要区分利己的人性和具体的损人利己行为。不是利己不好，是损人利己不好。没有利己，虽然没有了损人利己行为，但是也没有了利他行为。要想避免损人利己行为发生，正确的做法不是否定利己，而是靠契约和制度来避免损人利己行为发生。有小偷不可怕，可怕的是人们没有防备小偷的积极性。**人人利己而不能损人利己。**

想想，水果为什么长着厚厚的果肉？因为本性利他吗？

利己跟利他不矛盾，利他才是最有效的利己手段。越是利己，越要利他。水果都明白的道理，我们人为什么不明白？

事实上，整个微观经济学主体就是要证明，在一定的条件下，**利己和利他是统一的，利己是社会福利最大化最可靠的保证，利他又是最有效的利己手段。**可以这样讲，寻找把个人利益和集体利益、国家民族利益统一起来的制度条件，一直都是微观经济学努力的方向。

思考题

利己一定损人吗？你能不能在自然界再找一些主观为自己、客观为他人的例子？

第三讲 | 从约束看世界

一、只从约束角度看世界

第二讲介绍了约束下利益最大化公理。该公理有两个要点:(1)约束;(2)偏好。

偏好即个人爱好。有人喜欢淑女，有人喜欢辣妹，这就是偏好。

经济学假定，对于经济物品，人们总是希望多多益善，即人的欲望是无止境的。

同时，人还喜欢多样化。所谓多样化，就是“花心”的意思：我们不但喜欢事业，还喜欢爱情；不但喜欢吃好的，还喜欢穿好的；既喜欢丰满的，也喜欢苗条的。总之，什么都想要。

大学毕业写留言的时候，你会只写一句“祝你事业成功”吗？也不会只写一句“祝你爱情甜蜜”吧，你一定完整地写上“祝你事业成功，爱情甜蜜”。这就是多样化偏好的反映。

我们引入边际的概念。边际是经济学的一个极其重要的概念。

所谓边际，就是最后一单位，也叫增量。可是，我们已经有增量的概念了，为什么经济学家还要搞一个边际的概念呢？答案是，边际还强调是在怎样的存量基础上的增量。

例如，饥肠辘辘，第一个包子就是边际，已经吃了一个后，第二个包子就是边际……

强调是在怎样的存量基础上的增量，就和稀缺性联系起来了。我们知道，经济问题正是产生于人的欲望无止境而资源稀缺这样一个矛盾。可以说，没有稀缺性就没有经济学。

接下来，我们介绍效用概念。效用就是物品给人带来的满足程度。无疑，效用是主观的。

现在，我们可以定义边际效用了。**边际效用就是边际物品给我们带来的满足程度。**

边际效用递减。你饥肠辘辘，吃下第一个包子，觉得这简直是世间最美味的东西，第二个也觉得格外香，第三个就不如第二个香了，一直吃下去，到第九个的时候，已经吃饱了，不想再吃了。人们说，初恋难忘，这也说明边际效用递减。只有一瓶水，你会用它来救命，第二瓶水会用来洗脸，第三瓶水会用来浇花，从物品在不同项目上的用途看，边际效用同样是递减的。

设想：边际效用不递减会怎样？你拥抱女朋友后，从此就不会分开；你去饭店吃饭，会一直吃到宇宙毁灭……但这样的事情从来就没有发生过，由此可见，边际效用是递减的。

多样化偏好和边际效用递减是一回事。边际效用递减意味着，假如一种商品已经很多了，那么消费者愿意放弃较多的这种商品，以换取较少的另一种商品；反之，一种商品已经很少了，要让他放弃很少的这种商品，那么就要给他足够多的另一种商品作为补偿。

举个例子。比尔·盖茨很有钱，他愿意拿很多很多的钱，去换一点名声。可是我呢，要拿名声跟我换钱的话，就需要很大的名声我才愿意跟你换，而且只能给你很少的钱。

约束是在行为选择时受其影响又不能改变的因素。例如，在购物的时候，商品价格、收入水平就是约束。又如，找对象的时候，你的身高、长相、学历、收入、家庭背景就是约束。

给定偏好，再把约束条件考虑进来，就能决定人的行为。

偏好相同，但是约束不同，行为选择就会不同。例如，城里人送孩子学钢琴、学舞蹈，农民则很少这样做。是农民不喜欢吗？不是，是因为约束条件不允许，他们没有能力送孩子学。

反过来，约束相同，但是偏好不同，行为选择也会不一样。同卵双胞胎，身高、长相、家庭等都一样，可是哥哥找的是淑女，弟弟找的是辣妹。为什么？因为哥俩的偏好不一样。

人的行为由约束和偏好共同决定，但是，从现在开始，我们假设所有人的偏好是一样的。换句话说，经济学把人都看作同质的，任何人既不比他人聪明，也不比他人特殊。既然人与人一样，那么行为和结果之所以不同，就完全是因为约束条件不同了。

说得直白点，经济学只从约束的角度看世界。

明明人的行为既受偏好的影响，也受约束的影响，你只从约束的角度看世界，这难道不片面吗？据我所知，这样的行为假设、这样看问题的角度，遭到不少人的批评。

没有人讲这样的行为假设能够准确刻画这个世界，没有人讲这样的视角能够反映经济的全貌。不要指责经济学片面，经济学之所以有价值，正在于它的片面。一张1:1的地图全面不？有意义吗？大家见过1:1的地图吗？地球就是啊，有用吗？我们真正应该关注的是经济学的假设和视角，能不能让我们看到从别的角度看不到的东西，能不能给我们独到的启迪。

为什么焦大不会爱上林妹妹？你不能说，因为焦大不喜欢林妹妹。或许，焦大做梦都梦着林妹妹呢。焦大没有爱上林妹妹，是因为他只是一个男仆，身份、条件不允许他爱林妹妹。

你是不是在嘀咕：老师，不学经济学，我也知道，之所以焦大没有爱上林妹妹，是因为够不着，那么学习经济学还有什么意思呢？我们看看下面的例子。

2000年的时候，我在某部门实习，当时正在做的一个课题是帮助乡镇企业进行现代企业制度改造。当时对农民企业家存在这样一种看法：农民目光比较短浅，视野比较狭窄，明明有现代企业制度，偏偏搞家族经营。这种看法对不对呢？

在经济学的框架内，当你持有这种看法的时候，一定要想一想：既然追求利润最大化，假如请人经营能够创造更多的利润，怎么可能不请人经营呢？不请人经营，一定是自己经营或者和兄弟姐妹一道经营更划算。

假如我是企业家，我请你经营，而你确实有经营才能，可是给我干活，你不可能像给自己干活那样尽心尽力啊。你可能建豪华的办公室，坐头等舱，你甚至可能挪用我的钱去办完全属于你自己的事。遇到这种情况，我怎么办？我不能打你，也不能骂你，因为我是富人，富人违法的成本很高。富人住着豪宅、开着名车，太太貌美如花，因为违法而失去自由代价是不是太高了？因此我只能用合法的手段加以解决，就是诉诸法律。

可是，如果打官司是一件费时费力的事情，又怎么办呢？那就自己经营或者请兄弟姐妹一起来经营好了。因此，以经济学的视角来看，如果一个地区家族经营流行的话，你就要留意了：这个地区法治是不是还不健全，市场环境是不是还有待改善。我们观察到欧美也有家族经营，但是没有那么普遍。说明什么？说明他们的法治和市场环境良好。东南亚家族经营流行，说明什么？说明东南亚的法治和市场环境还有待改善。

以经济学的视角来看，家族经营根本就不是人的问题。你不喜欢家族经营，可不可以？可以。你应该把精力用在法治和市场环境建设上，而不是去帮助他们进行现代企业制度改造。

以经济学的视角来看，家族企业无所谓好还是不好、先进还是落后，在各自的约束条件下都是最优选择。不能简单地说家族企业不好、落后，现代企业制度好、先进。如果法治不好，家族企业就是最好的选择。别忘了，不要离开具体环境、条件去评判事物好坏。

不学经济学，你能这样看问题吗？

思考题

有人说，东北经济不好，是因为东北人懒、缺乏创业精神。你怎么看待这种说法？

二、存在即合理

黑格尔讲：存在即合理。“合理”是什么意思？是说每一件事都有其存在的理由和根据。用经济学的术语来讲，就是每一件事都有它赖以产生的约束条件。至于这个理由、根据，或者说约束条件，是好还是不好，我们喜欢还是不喜欢，那就是另外的问题了。“存在即合理”这句话只涉及事实分析，跟好不好、应不应该这样的价值判断完全没有关系。

“存在即合理”，当见到一些反常的、离奇古怪的事情，你就不要简单地说那是不合理的，而应该静下心来，认真想一想，其背后的约束条件到底是什么。

我们不能简单地说高校用文章、课题的数量和级别进行学术评价不对。须知，我们的大学主体上是公立大学。公立大学花的是国家的钱，这是一个重要约束。花自己的钱，想怎么花就怎么花，亏了赚了，别人都没有话说。但是花国家的钱就不一样了。明明甲学校办学质量高，主管官员因此向甲学校多拨了一些经费，但如果判断质量的标准不容易量化，不容易形成共识，那么乙学校就可能说，之所以给甲学校拨款多，是因为甲学校给了主管官员好处，那么这位官员是不是跳进黄河都洗不清了？

怎样避免这样的纠纷呢？那就找好观察、易度量的指标来评价学术、分配资源。

什么指标好观察、易度量？无疑是文章、课题的数量和级别。

我们不能因为出租车选择在下午五六点下班高峰期交接班，便说那是不合理、无效率的。要知道，出租车早上从固定的A地出发，事先并不知道回来交接班的时候自己在什么位置。就是说，它要从一个随机的地点B，在给定的时间回到给定的地点A来交接班。

注意，我们不预设这个时间，而要通过逻辑把它推导出来。我们要求空车率最低。

试问：什么时间段交接班空车率最低？是不是人的流向最丰富的时间段？

再问：什么时候人的流向最丰富呢？毫无疑问，是上下班高峰期。

那么出租车选择在人的流向最丰富的下班高峰期交接班，怎么就不合理了呢？

东北地区的居民早先以狩猎为主，那儿的老人会告诉你：以前家里有好东西男人优先吃，然后才是孩子、女人们吃。记得我小的时候，男人们已经开吃了，女人们还在灶上忙前忙后，女人们不仅后吃，还不能上桌子和客人一起吃。以前中国大部分农村也是这样的。

这个不合理的现象，如果你深入分析其背后的约束，就会发现，其实有“必然性”。因为狩猎和农业劳动全靠体力，只有男人吃饱了，体魄强健，才能打到猎物、种出粮食，一家人的生活才有保障。反之，男人吃不饱，打不到猎物，种不出来粮食，全家人就要挨饿了。诸如论资排辈、“裹脚”“黄牛”等现象，莫不如此。

“存在即合理”，每一件事都有它赖以产生的约束条件。反过来，**要促成一件事情发生，就不能只是强调它如何重要，关键是创造其赖以产生的约束条件。**

我们希望男女平等，怎么才能做到这一点呢？发展经济，创新技术啊！第一讲讲过：当经济发展了，财富丰裕了，当技术进步了，医疗条件改善了，人们自然就不重男轻女了。

我们强调法治重要，然而法治赖以产生的前提条件是什么，这才是关键之所在。

科斯讲：不管你们讲啥，我脑袋里想到的都是土豆。科斯的“土豆”是什么意思？我的理解就是约束条件，就是事物存在的理由和根据。科斯的话是黑格尔“存在即合理”论断的另一种表达。

世界上没有无缘无故的现象和行为，有因必有果，有果必有因。高手看世界是“和谐”的。那些不做深入分析就叫嚷这也不合理、那也无效率的“愤青”，毫无疑问是“低手”了。

注意，这并不是说所有的现象都是好的、应该的、符合我们的价值取向，只是说，每一件事都有它赖以产生的理由和根据，或者说约束条件。其重要含义是：**如果我们不喜欢一件事，不能简单地反对这件事本身，而应该改变此事赖以产生的约束条件。**

在经济学的框架内，你不愿意看到某个行为，怎么办？你不能简单地叫人不要那样做，其作用不大。比如仅仅告诫官员们不要腐败显然不够，还必须配合相应的手段。

在经济学的框架内，你希望他人做某事，也不能简单地告诉他人应该做好这件事。正确的做法是设计一组约束条件，就是进行制度和激励机制建设。在制度和激励机制之下，你叫他别努力工作，他也要努力工作。我们天天讲改革，怎么改革？就是建立好的制度和激励机制。

这就是老子的“我无为而天下治”。无为不是什么事都不做，而是建立起恰当的制度和激励机制。在这个制度和激励机制下，利己的个人会不知不觉地实现社会利益。这也是亚当·斯密讲的“看不见的手”的作用。这就是经济学最核心的思想之一。

为什么改革开放前人们干活偷奸耍滑，而改革开放后起早贪黑拼命干活呢？这跟人品没有关系。人还是那些人，背后的制度改变了，激励机制改变了，行为就改变了。

在这个意义上，诸葛亮就不是好的管理者。他事必躬亲，说明制度和激励机制不完善。

思考题

中国古代对女性有“三从四德”的道德约束，根据所学内容，你怎么评价这一现象？

三、好老师教你从一个角度看问题

我要求大家不要考虑人的偏好，只从约束的角度解释现象和行为。很多人觉得困惑，无法接受。其实，经济学并不否定人的差异性。有的人爱财，有的人好名；有的人勇敢，有的人懦弱。这是不可改变的事实，经济学怎么可能否定呢？

考虑人的差异性是管理学的事。从管理学的角度讲，面对不同的人，要委以不同的任务；面对不同的人，要施以不同的激励。如果刘备不是让关羽守荆州，或许三国的历史就要改写了。要让我努力工作，给我涨工资重要，派我做喜欢的事更重要啊！

但是，这不是经济学的视角。经济学承认人的差异性，却不关注人的差异，把注意力集中到约束条件上，只从约束的角度解释现象和行为。具体原因，有如下两个方面。

其一，人的认知能力决定了只能选择由简到繁、逐步深入这样一条路径。

下围棋的同学，刚开始学的时候，老师是不是一定要你按照定式下？但是当你学成谢师了，真正下棋的时候，是不是又不可能按照定式下？所谓高手无定式，讲的就是这个意思。

打乒乓球的同学，刚开始学打球的时候，练习推挡，是不是不管什么球，教练都要求你用一个固定的姿势去推？练习拉球，不管什么球，是不是都要求你用一个固定的姿势去拉？但是，当练好后，真正打球的时候，你是不会拘泥于这个姿势的。马琳打球的时候，常常有一些怪异夸张的动作，然而他的这些动作很有效。武林中也有无招胜有招的说法，其实是一个意思。

刀、枪、棍、棒等十八般兵器，得一样一样练，不能一会儿舞刀，一会儿耍枪，一会儿弄棍，一会儿练棒，混着练，最终啥也练不好。搞管理，我们当然要考虑人的差异，研究不同人的偏好，但这应该是在经济学的基础之上所做的进一步的工作，是不能和经济学的基本原理相违背的。

好的老师，会训练你先从一个角度分析问题。不好的老师，一上来就要求你全面看问题。

我读博士的时候，导师要求我只能从一个角度去分析问题。我都读博士了，导师还这样要求我。可是现在有些老师要求初学者全面、系统地看问题。

俗话说：先学爬，后学飞。不能还没学会爬，就学飞啊！

所以同学们首先要训练从约束条件看世界，要做到能从这个角度看得很深很透！

其二，**偏好主观，无从验证，如果考虑偏好，经济学就失去了科学性。**

焦大为什么没有爱上林妹妹？偏好根本无法解释，因为无法验证焦大是否喜欢林妹妹。

同学们回想一下第一讲中对于“重男轻女”现象的解释，假如你把注意力放在偏好上，怎么解释古人重男轻女、今天人们又不了呢？如果我们把注意力放在约束条件上，那么我们就可以解释，在财富贫乏、医疗技术落后的情况下，人们就会重男轻女。我们还可以推断，当财富丰裕了，医疗技术进步了，人们就不会再重男轻女了。

20世纪90年代有一种低质保健品，被大量销往农村地区。假如从偏好角度讲，就是农民对于保健品的风险偏好高，城市居民对于保健品的风险偏好低。

含义十分清楚：其实农民并非不知道低价保健品质量没有保障，至少质量是不高的，然而他们仍然选择购买，因此完全消灭低价保健品就不大可能，而且也不是社会最优。

这不是说没有风险偏好这回事，但从风险偏好角度来解释世事不是经济学。我的解释是：人不要只考虑吃，还要考虑穿，要看病，要住房，要送孩子读书……还记得我们讲边际效用递减、人喜欢多样化吗？这就需要消费者将有限的收入在各种消费选项上做一个大致平均的分配。假如收入高，那么消费者当然可以在每一种商品的消费上投入较多的货币。但是，假如收入本来就不高，甚至很低，那么消费者在单项消费品上的支出就不可能高，在不能不消费的情况下，只能消费低价、低质的商品。这就是为什么这种低质保健品当年主要销往农村的原因。

这也意味着，之所以有假冒伪劣产品，在某种意义上是因为有对假冒伪劣产品的需求。我不相信人们认为路边的小店没有使用劣质油，但为什么还去那里吃饭呢？因为没有钱天天去五星级饭店啊！20世纪80年代温州人卖纸做的皮鞋，也是因为那时有对纸皮鞋的需求。想穿着皮鞋相亲，又买不起真的，买个纸皮鞋临时穿一穿不挺好吗？现在你有本事再把纸皮鞋卖出去试试？

这也告诉我们，**质量有高低，产品无好坏。**只要不欺骗，遵循自愿原则，无论高质量的产品还是低质量的产品，都是好产品。质量低，卖低价就行了。

这个解释的含义也是清楚的：不排除法律等方面的不足是导致问题食品的重要原因，但是问题食品的确也是经济不发达、老百姓收入不高的外在表现。问题食品的解决有赖于经济的发展和老百姓收入的提高。问题食品的消失一定是一个经济发展、百姓收入提高的自然过程。

这也告诉我们，人为拔高产品的质量标准未必有利于社会。例如，前几年深圳有开发商推出6平方米“鸽子笼”，舆论怒气冲天：“6平方米鸽子笼是羞辱还是安慰？88万元6平方米蚁房长这样，猪圈都比这大。”仿佛人们住不上大房子是因为开发商生产了“鸽子笼”。在媒体和舆论的一片谴责声中，政府出台政策，小微户型销售直接被定性为违规。但是规定最低平方米数，比如不能低于100平方米，就都能住上大房子？这只会使部分人连买6平方米“鸽子笼”的机会也没有了，这是在帮助他们还是在害他们？

同学们比较一下，从偏好和约束两个角度进行的解释，哪个更有启发、更有意义？

思考题

学习这一讲的内容后，请你只从约束的角度观察生活中的一些现象和行为。

第四讲 | 选择与成本

一、成本是放弃的最高代价

资源稀缺，使人们不可能什么都要，必须进行选择。

要习惯于从选择的角度看人的行为。你决定读大学？不要这样说，要说你选择读大学。你决定跟她搞对象？也不要这样说，要说你选择跟她搞对象。农民决定在田里种稻子？还是不要这样说，要说农民选择在田里种稻子……这些行为，都要从选择的角度来看。

这只是看事物的角度，然而千万不要小看了这个角度。

以这样的角度看世界，就有了成本的概念。成本是放弃的代价。选择甲，就得放弃乙，那么放弃的乙就是选择甲的成本。这就是经济学的成本概念，也叫机会成本。经济学只有一个成本概念，就是机会成本，于是机会两个字可以省略。

问题是，要选择甲，你可能不只是需要放弃乙，还得放弃丙、丁一系列选择，那么乙、丙、丁系列选择中哪一个才是你选择甲的成本呢？答案是，乙、丙、丁系列选择中价值最高的那一项。要在田里种水稻，就不能种地瓜、种大豆、种玉米了，那么种水稻的成本是什么呢？是地瓜、大豆、玉米中价值最高的那一项。

成本不只是放弃的代价，还得是放弃的最高代价。不是最高代价的放弃不是成本。次高或者更低的代价不是你选择甲的成本，次高或者更低代价的变化不影响你选择甲的行为。假设同样的投入，种水稻能挣100元，种地瓜能挣90元，种大豆能挣80元，种玉米能挣70元，那么种水稻的成本是多少？是种地瓜能挣的90元。假设大豆涨价了，变成85元，请问：种水稻的成本变化了没有？没有，不是最高代价的变化，不影响成本。

选择读大学的成本，是放弃的打工收入。问同学们一个问题：你们吃饭穿衣的费用，算不算读大学的成本？不算，因为你们不读大学，照样要吃饭要穿衣。你们的学费算不算读大学的成本呢？这就要算了。因为不读大学，你们就不需要支付这样一笔费用，就可以拿这笔钱去做别的事情。所以，读大学的成本是学费加放弃的打工收入，读大学的真实成本其实不低。

就是说，如果做一件事情要同时放弃两项选择，那么成本是放弃的两项价值的总和。

我们再来分析一下搞对象的成本。男同学给女朋友小兰买的花、送的礼物，算不算跟小兰搞对象的成本呢？答案是，要具体情况具体分析。假如跟小兰分手后，这位同学从此就看破红尘，不再搞对象了，那么要算。但是，假如分手后还要跟别的女生搞对象，也要买花，也要送礼物，那么他买的花、送的礼物就不是跟小兰搞对象的成本。而如果问，给女朋友买的花、送的礼物是不是搞对象的成本，那么必定是。因为后一个问题不是在女朋友之间选择，而是在搞对象与不搞之间选择。

人的行为受成本收益的支配。给定收益，人们会选择成本最小的项目。你去理发，收费30元，那只是你理发成本的一部分。假如花一个小时理发，这一小时你可以打工赚100元，但是你放弃了，因此你理发的实际成本是130元。周末，由于不用上班，时间价值下降，你理发的成本也就下降了。理发店周末生意特别好，原因就在这里。

因为农药、除草剂等的普及，今天农业的劳动生产率比过去提高了很多，粮价怎么反而上涨了呢？答案是：因为种粮的劳动成本是由打工收入决定的，打工收入提高了。

同样种一天地，为什么过去只值20元，现在却值200元？因为现在打工一天能挣200元，你不给我200元，我就打工去了。同样是理发、讲课，劳动投入没有任何变化，可是今天挣的比过去高很多，也是因为今天工业等其他领域发展好的缘故。曾有人问我：同样是理发，老外的技术并不比我们好，为什么他们收费那么高、我们这么低？现在你知道答案了吗？

所以，工业发展了，粮价必然要上涨。

这再一次说明，**成本是由替代选择决定的。**

这也说明，提高农民收入要靠发展工业来实现，解决“农民”问题的功夫应该下在农业之外。

我们要提高教师的收入，怎么做到呢？要让包括教育在内的各行各业都得到发展。

那么，有没有无替代选择的东西呢？

我们说：不稀缺，人们无须做选择；而只要资源是稀缺的，那么必然存在选择。

清洁空气不稀缺，无须选择；一旦稀缺后，用什么方法净化空气就必然成为选择。

所有的决定，都是选择；所有的安排，也都是选择。世界上没有无替代选择的项目。代价足够高，替代选择一定会出现。曾经，我们说石油没有替代品，然而随着石油价格上涨，生物柴油出现了。生物柴油成为石油的替代品。也许你们不会相信，其实铝也可以成为汽油的替代品。过去汽车发动机是钢铁做的，油价高了，汽车制造商就改用铝合金。这铝是不是汽油的替代品？今天有很多人认为稀土不可替代，主张限制稀土出口，要留一些给子孙后代。但是我要告诉大家，稀土没有被替代，只是因为稀土价格还不够高。价格足够高，替代产品一定会产生的。就是说，我们没有理由因为稀土没有替代品、要给子孙后代留存，就限制出口。中国的稀土出口可能过度了，但这并不是因为稀土没有替代品，而是另有原因。

据说，垄断就是没有替代选择。那么，在垄断产生之前的日子里人们是怎么过来的？产生垄断之前，人们的选择是不是对于垄断的替代品？说铁路是垄断的，没有替代选择，那么在没有铁路的时代，难道就没有交通运输了？那些交通运输方式为什么不是铁路的替代品？

世间没有无替代选择的项目。我们说，**凡事都有代价，天下没有免费的午餐**：任何决定都有成本，任何安排也都有成本，凡是行为，都是有成本的。包括爱、包括恨，都是有成本的，这是基本的道理。

我要补充的是，在自愿交易关系中，有成本也必定有收益。如果不能偷、不能抢、不能骗，那么就没有只有收益而没有成本的事；反过来，**也不会有只有成本而没有收益的事**。这是我的发现，似浅实深，各种“净损失”其实是一种错误的说法。

思考题

请问：计算读大学的成本的时候，要把放弃的打工收入和学费加总起来，为什么计算种水稻的成本的时候，不是把地瓜、大豆、玉米的价值加总起来呢？

二、“历史成本”不是成本

成本因为选择而起，没有选择就没有成本。已经花出去的钱，不再有选择了，因此也就不是成本了。俗话说“覆水难收”，讲的就是这个意思。经济学则说“历史成本”不是成本。

时间是成本的重要维度，时间不同，成本就会不同，人们的行为也会不同。

例如，外地人到了北京，总要尽可能地去看看长城，然而好多北京本地人却不急于去看。这是为什么呢？就是因为时间不同，成本就不同，人们的行为也就不同。

我身在泰安，要去看长城的话，成本是多少？是往返北京的200元火车票钱，加两地往返高铁站的200元打车钱，加往返北京过程中的时间价值，再加上从北京市区到长城的往返打车钱、长城的门票钱，以及看长城过程中的时间价值。

但是，假如我已经到了北京，再去看长城的话，往返北京的火车票钱还是不是成本？两地往返高铁站的打车钱还是不是成本？往返北京过程中的时间价值还是不是成本？就都不是了。

首先，从泰安到北京行程中的时间和金钱不再是成本了，因为已经花出去了，没有了选择，我们说“历史成本”不再是成本了。其次，返程中的时间和金钱，同样也不是成本了，因为即便不去看长城，这个钱照样要花，这个时间照样要搭，除非我准备待在北京不回来了。

大家比较一下，我从泰安出发去看长城和到了北京再去看长城，两者的成本是不是差别巨大？至少差了400元，实际远远不止。那么作为外地人，你到了北京是不是要尽可能地去看看长城呢？本地人不一样，他今天看也好，明天看也罢，成本不变，所以不着急。

由此可见，管理者要想方设法降低游客的初始成本，先把游客吸引到景区来。杭州免费开放西湖景区的做法就非常高明。既然游客已经到了景区，那么去看众多微景点就相当于打了大折扣，他就一定会尽可能多地消费微景点，要去看雷峰塔，去逛灵隐寺，去坐游船……更重要的是，到了景区之后，吃饭、坐车、住宿，这些都是“刚性”需求。很可能，他还会购物呢。

因此不难理解，西湖景区免门票以后，不仅周围商家的营业收入、政府的财政收入都增加了，景区的收入也大幅增长，真正做到了一举多赢。

当然不是所有景区都要以这样的模式来经营。但那些景区面积大、微景点多，特别是景区在城区内，或者整个城区就是一个景区的地方，首先让游客免费进入景区无疑是正确选择。

凤凰古城收取入城门票，将各景点与古城捆绑销售，本来想卖个更好价钱，结果导致游客大幅减少，不仅收入大幅下降，还引来各方抗议。

千万不要以为，古城独一无二，就可以获取垄断高价。天底下没有不可替代的东西，不看凤凰古城，可以看周庄、看丽江、看宋城，它们都是替代，极端地讲，看现代建筑、看现代都市是替代，哪儿也不去、哪里也不看也是一种替代。

更不要以为，游客只是来看古城，不买门票就是免费消费，政府因此丧失了门票收入。游客免费进入古城，然后逛各微景点、购物、坐车、乘船、吃饭、住宿，都是在为古城买票，只不过是用间接方式购买门票。没有古城，难道他们千里迢迢来这里只是为了购物、坐车、乘船、吃饭、住宿吗？这才是真正意义上的捆绑销售。这就是市场定价。我们以为没有定价或者不能定价的地方，其实市场神奇地在那里定着价，定得无声无息、恰如其分。你以为政府建设了道路等基础设施，这些道路和基础设施没有被定价吗？你以为政府绿化了环境，这些绿化了的环境没有被定价吗？周围地价、房价因此而得到提升，这不是定价是什么？政府是得到了回报的，税收的增加就是回报。这也正是市场充满神奇和魅力的地方。

时间不同，成本就会不同，“历史成本”不是成本，商家经常利用这一点来搞促销。

超市里，明明还有一些空闲的收费口，老板偏偏把它们封起来，让顾客排队缴费。这是为什么呢？其一，顾客排着队，收银员就不好意思偷懒了，这节约了监督雇员的成本。其二，顾客已经到了超市，看见要排队交钱，那么要买的东西就会尽可能一次都买上。因为假如这次不买，下次再买，还要重新排队。为了节约排队时间，要买的当然尽可能一次买齐。

有超市搞“天天平价”的活动，就是拿一款商品低价销售，甚至以低于进货的价格销售。超市为什么要这样做呢？它要用这款低价商品先把顾客吸引到超市，一旦你到了超市之后，就相当于所有商品都打折了。商家用一件商品狠狠地打折，只要把你吸引过来了，客观效果就相当于所有商品都打折了。多高明！

那么打了多少折？是不是打掉了往返的路费，以及往返过程中的时间价值？因此能买的，自然就会尽可能都买上。因为已经到了超市，交通费、路上的时间价值就不再是购物的成本了。而假如这次不买，下次再买或者到别的地方买，路上的交通费、时间价值又都构成购物的成本了。一些饭店搞特价菜，运用的也是这个原理。

历史投入不再是成本。老板不会因为你曾经为公司作过大贡献，现在就给你高工资；夫妻不会因为过去爱得死去活来，未来就不离婚。关键是现在和未来能给予他人什么。因此我们不能躺在功劳簿上睡大觉，必须不断进步，活到老，学到老，努力提升自己到老。

思考题

超市经常搞“天天特价”，为什么不是所有商店都这样做？“天天特价”适合什么样的商家？

三、有时要用“历史成本”

我们说，已经花出去的钱，不再有选择了，也就不再是成本了。“历史成本”不是成本。

或许你会说：老师，你说的不对，实践中，企业使用的是“会计成本”，“会计成本”就不是经济学的机会成本，而是“历史成本”，老板甚至都不懂啥叫机会成本。

其实，这只是**因为获取机会成本有费用，有时人们就用“历史成本”替代机会成本。**

新冠肺炎疫情期间，我买了一包口罩，没想到朋友又给我寄了一包。我用不了那么多，打算卖掉一包。买入价是80元，我按买入价卖出。但实际上口罩的市场价格已经涨到每包85元了。口罩的“历史成本”是80元。口罩的机会成本是多少呢？是市场价格85元。因为假如我不想持有口罩的话，就可以在市场上按照市价把它卖出去，获得85元的收入，就可以用这85元去做别的事情。表面上，我拿“历史成本”当成本。实际情况是，打探口罩的市场价格需要成本，这个成本超过了5元，因此我就用“历史成本”替代机会成本。

20世纪70年代，张五常在美国要出售一个照相机镜头，这个镜头是他几年前花500美元买回来的。他认为折旧200美元，因此登报300美元叫卖，最后以400美元卖出。后来他才知道，该镜头的新货在市面上的售价是1000美元，他卖得太便宜了。

500美元的买入价扣除折旧是300美元，这是“历史成本”。那么镜头的机会成本是多少？是该镜头的新品买入价扣除折旧后的余额，为800美元。他以“历史成本”为参考，400美元就卖出去了。假如他知道新镜头的价格是1000美元，还会这样卖吗？

当然，他可以在出售镜头前去调查一下镜头的市价，那样就不会被“历史成本”误导了。然而，这是要花费时间和精力的。这就是信息费用。今天我们通过互联网调查一下新镜头的市价很容易，但当时没有互联网，调查并不是容易的事情。通常来说，由于技术进步，即使没有物理折旧，新产品的价格也是下降的。因此，他被“历史成本”误导就是一件正常的事情。

所以，不是人们真的根据“历史成本”在做决策，而是因为获取机会成本存在信息费用，人们就用“历史成本”替代机会成本来做决策。本质上，人们还是根据机会成本在做决策。

在股票市场上，市价透明，**获取机会成本的费用为零，就不会使用“历史成本”。**

用100元买了一只股票，现在股价涨到120元，股票的成本是多少？

是100元？不是的，股票成本是120元。因为假如你不想持有股票的话，就可以在市场上把它卖出去，获得120元的收入，就可以用这120元去做别的事情。

假如股票跌到80元，股票的成本是多少？

是80元。成本是放弃的代价。你持有股票，就放弃了用80元去做别的事情的机会。

你用500万元建了厂房，现在房价涨到1000万元，你生产的固定成本是多少？

不是“历史成本”500万元，“历史成本”不是成本，而是市价

1000万元。因为假如你不用厂房进行生产，就可以在市场上把它卖出去，获得1000万元的收入，就可以用1000万元去做别的事情。你用厂房进行生产，那么就放弃了用这1000万元做别的事情的机会。

你用500万元建了厂房，现在房价降到100万元，你生产的固定成本是多少？

同理，不是“历史成本”500万元，而是市价100万元。

所以“历史成本”不是成本，成本跟历史买入价没有关系。

但在日常经营管理中，企业的确是用“历史成本”扣除折旧，也就是用“会计成本”来计算固定成本。这是因为会计核算只是方便自己掌握情况，有点误差没有关系。一旦涉及跟他人交易，并且交易标的价值又大，企业马上就不会使用“会计成本”（“历史成本”）了。

你购买厂房的时候，可不可能根据“会计成本”出价？

当初用500万元建成的厂房，现在市价只有100万元，你愿意以500万元买入吗？

你出售厂房的时候，可不可能根据“会计成本”报价？

当初用500万元建成的厂房，现在市价1000万元，你愿意500万元卖出吗？

因为获取机会成本是有费用的，有时候人们就用“历史成本”替代机会成本。但是，**当交易价值大的时候，即便获取机会成本的费用高，人们也会想办法找到机会成本。**

有一个重要的职业，叫作资产评估师。当兼并、重组、破产等涉及大量资产买卖的时候，就会请人对资产进行评估，按照评估价格来交易。可见，人们不是按照“会计成本”（“历史成本”）在行事，而是按照机会成本在行事。“会计成本”根本就不是成本，否则，还要资产评估师干什么？

生活中人们的确可能拿“会计成本”（“历史成本”）当成本。但是，这并不是说“会计成本”（“历史成本”）真的就是成本，只是因为获取机会成本存在费用，人们就用“会计成本”（“历史成本”）代替机会成本。本质上，人们还是按照机会成本在进行决策。

我要再次强调，原理没有例外，现象可以千差万别。表面与原理相违背的现象，其实正是原理在发挥作用，并不违背原理。这就是为什么说高手看世界是简单的，高手看世界也是“和谐”的。

思考题

请你再举一个表面上违反原理、实际上恰恰是原理在发挥作用的例子。

第五讲 | 历史与现实

一、“沉没成本”的错误

所谓“沉没成本”，就是已经付出且不可收回的成本。

可是，已经付出且不可收回的，还是成本吗？

其实，“沉没成本”是一个错误的概念。遗憾的是，这个概念一直被主流经济学使用。

人都喜新厌旧，然而，为什么离婚的却是少数呢？

如果用“沉没成本”来解释，那就是：假如离婚了，那么谈恋爱的时间、举办婚礼的钱等，就沉没了、收不回来了。这个解释听起来似乎有道理，但实际上是错误的。

过去的无可挽回，根本不用考虑，应该面向未来计算离婚的成本和收益。

注意，目标是组建家庭。已经组建后，谈恋爱的时间、举办婚礼的钱等，因为不再有选择，就不再是成本了，婚姻就只有维护成本一项了。但是，如果重新组建家庭，那么谈恋爱的时间、举办婚礼的钱等，就是成本了，而且对于新家庭来说，同样有维护成本。

很显然，维持旧家庭的成本远远低于组建新家庭的成本，因此，除非新家庭的收益远远高于旧家庭，否则人们是不会选择离婚的。

结论是什么？不是假如离婚了，恋爱的时间、举办婚礼的钱就沉没了，因此人们不离婚。而是因为要组建新家庭，还需要支付这些成本，所以才不离婚。如果有了孩子，或者需要分割财产，增加了离婚的成本，那么离婚就会更少。

如果需要交学费，那么大概率你会学得更加认真。这并不是说，如果不认真学的话，学费就沉没了。正确的逻辑是：假如不认真学，将来还想学的话，还要再交学费。

交了学费后，学费就不再是学习的成本了，学习只有时间成本一项。如果不认真学，将来还想学的话，学费就又要算作学习的成本了。需要交学费，当然就要认真学了。

好比你去看画展，如果需要排很长时间的队，那么你就会看得仔细。反之，如果不用排队就可以看，那么你很可能走马观花，因为大不了下次再来看一遍。道理都一样。

有人说：银行已经给企业贷了100万元，现在企业还不上这100万元，还需要继续贷20万元才能完成项目，银行很可能选择继续给企业贷，否则前面的100万元就沉没了。还有人说：政府之所以要继续救助陷入困境的国有企业，是因为假如不继续救助的话，那么先前的投入就沉没了。这些说法都是错误的，因为人们面向未来而不是面向过去在做决策。

银行之所以要给不能还款的企业继续贷款，不是向后看，如果不继续贷，前期的100万元就沉没了，而是向前看，新投入20万元，能收回来多少，权衡之后决定要不要继续贷款。换句话说，只有能收回来继续贷款的20万元本金和相应的利息，银行才会选择继续贷款，否则，即使前面的100万元沉没了，银行也不会继续贷款的。

政府之所以要救助陷入困境的国有企业，不是向后看，如果不救助的话，前期的投入就沉没了；而是向前看，投入多少，又能收回来多少，权衡之后决定要不要救助企业。也许会救助，也许不会。你知道什么情况下会救助，什么情况下不会吗？

有人说：银行之所以建漂亮的大楼，是因为这样能让人相信，他们打算一直在这里营业，不会搬走。泰勒尔在其流行教科书《产业组织理论》中这样写道："'沉没成本'最迷人的地方在于它的承诺作用。"很可惜，"沉没成本"根本就不是成本，又怎么可能具有承诺作用呢？

漂亮大楼是资产，资产具有抵押功能。如果银行把储户的钱卷走了，那么银行的这部分资产就会被法院强制冻结。俗话说"跑得了和尚跑不了庙"，绝不是因为庙沉没了，因此具有担保功能，恰恰是因为庙没有沉没，还值钱，因而才具有担保功能。

秦朝末年，项羽率军队渡黄河前去营救赵国以解巨鹿之围。楚军全部渡过漳河以后，项羽传下命令：把渡河的船凿穿沉入河里，把做饭用的锅全都砸了。就这样，没有退路的楚军战士以一当十，杀伐声惊天动地。经过九次激战，楚军最终大破秦军。这一仗不但解了巨鹿之围，而且把秦军打得再也振作不起来，过了两年，秦朝就灭亡了。

没错，破釜沉舟、背水一战的确能够让人相信你会拼命向前。但是，不是船沉了、锅砸了本身使人拼命向前，而是船沉了、锅砸了之后，没有了退路，不拼命向前的成本高了，所以才拼命向前。"失之毫厘，谬以千里"，认为"沉没成本"具有承诺作用完全是错误的。

总之，**人不会面向过去做决策，人的一切行为都是面向现在、面向未来进行的。**经济学没有"沉没成本"的概念，也是不允许有的。没有正确的成本概念，不会有正确的经济分析。那些用"沉没成本"概念来做的经济分析，就算答案对了，也是碰巧对的。

思考题

过去花了多少钱、是赚是赔不影响现在的选择，是不是过去就不影响现在了呢？

二、历史如何影响当下

“历史成本”不是成本，过去花了多少钱、是赚是赔，不影响现在的选择。可是，我们又说：好事要做到底，水都烧到80℃了，不差那20℃，烧开吧。这个现象该如何解释呢？

的确，过去怎么可能不影响现在，历史怎么可能不影响当下呢？

但是，这不是说先前的历史支出本身在影响今天的行为，而是先前的支出会产生一些后果，这些后果构成了进一步行动的约束条件，会影响今天行为的成本，从而影响今天的行为。

举个例子。假设有一壶0℃的水，烧开后可以卖10元，但是每增加10℃就要投入2元，即将水烧开的总成本是20元，那么你会把这水烧开吗？不会，赔本买卖没有人干。但是，假如你已经把水烧到80℃了，要不要继续把水烧开呢？已经作出的投入，无法收回，不用考虑了。现在要考虑的是：把这80℃的水烧开，需要投入多少？4元。能卖多少呢？10元。那你要不要继续把水烧开呢？当然要。150%的利润率，能不干吗？

但是，这跟投入了多少才把水烧到80℃没有任何关系：是花费了很多才将水烧到80℃的，还是没有任何花费，完全靠阳光把水晒到80℃的，跟要不要继续烧开这水没有关系。

这里有两个问题：一个是要不要把80℃的水烧开，另一个是怎么把水烧到80℃。这两者之间有没有关系？完全没有关系！

一方面，历史支出本身不影响现在；另一方面，历史支出会产生后果，在这个后果的基础上，行为的成本发生了变化，因此又会影响现在的行为。**历史支出不影响现在，但历史影响现在！**

你读了硕士，可能选择继续读博士，但这不是因为考虑到硕士期间付出了多少代价，而是向前看，考虑继续攻读博士学位需要付出多少，又可以收获多少。通过硕士期间的学习，知识存量增加了，能力水平提高了，在这个基础上攻读博士学位的成本下降了。但这只是先前投入所产生的后果，也就是知识存量增加、能力水平提高，构成了进一步行动的基础，在这个基础之上攻读博士学位的成本变低了。至于你硕士的知识是怎么获得的，是花了很多钱，付出了很多努力，还是一分钱也没有花，一点努力也没有付出，完全靠神仙恩赐，跟你要不要继续读博士没有任何关系。这样的考虑才是正确的经济学理念。一切行为都要这样来考虑。

做股票的朋友应该听说过，“牛市中，利好是利好，利空也是利好；熊市中，利空是利空，利好也是利空”“涨要涨够，跌要跌透”等说法。这也可以用成本概念给出很好的解释。

上涨前，主力需要不断吸筹，只有筹码集中到一定程度，才可能拉升。这是因为：其一，只有筹码足够集中，拉起来才会轻松，才不是为他人“抬轿子”；其二，集中筹码也是作出多头排列的过程，多头排列不只是一个形状，它向市场传递了主力筹码足够集中、准备拉升的信息，散户们才会跟风。集中筹码是一件费时费力的事情，要骗过散户，不被人发现，哪儿那么容易。一些大盘股，庄家一年甚至几年才能完成这个工作。所以吸筹是一件费时费力的事情。

一旦吸筹完成，股票进入拉升阶段，还停得下来不？停不下来了。水烧到80℃了，即便总体上是亏损的，也要继续把它烧开。就算遇到利空，是不是也很难阻挡继续拉升的脚步？很多时候，即使做一只股票整体是赔钱的，也要硬着头皮继续拉上去。

下跌前，主力要不断释放筹码，俗话叫“作顶”。这也是需要代价的。只有筹码减少到一定程度，砸盘和大跌才可能发生。既然筹码已经少到一定程度，当遇到利好的时候，主力可不可能因此就调转枪口立刻重新向上拉？不会的。他拉个空车，到山顶去干什么！他应该希望继续大跌，以便用更低价格重新获得筹码。这就是常说的破位以后就代表了趋势的改变，趋势一旦改变，不可能马上反转。跌就一定要跌透。破位大跌后的反弹，很大可能性是一种诱多。下跌过程中的惯性意味着，熊市中“利空是利空，利好也是利空”。

2015年，“股灾”中政府救市，你应该怎么做？应该趁反弹的机会跑啊！

这就是趋势为王，牛市中“利好是利好，利空也是利好”、熊市中“利空是利空，利好也是利空”的原因。在股票等资产市场，涨就一定要涨够，跌也一定会跌透。不理解这一点的人，就会认为资本市场疯狂、不理性。但拿自己的钱投资，谁不理性？

筹码集中程度影响股价走势，至于过去花了多少钱才把筹码集中到给定程度，跟未来股价的走势又没有任何关系。是历史支出产生的后果，而不是历史支出本身在影响未来。

记住：历史上花了100万元购买机器设备，现在要不要继续生产，跟历史上花出去的那100万元没有关系。如果继续生产的收益超过成本，那么就选择继续生产；反之，就选择停产，即使亏了，也得停产。不是向后看，而是向前看决定要不要继续生产。投资出去的钱，能不能收回来，能收回来多少，只能根据现在和未来的情况决定。

已经建好了厂房、购买了机器设备，继续生产的收入更容易超过成本。即使整盘生意是亏损的，但是在已经建好了厂房、购买了机器设备的情况下，继续生产却可能是盈利的。

经济学有一个“路径依赖”概念，讲的就是初始的选择会影响后面的选择。例如，当我在做老师上小有成就的时候，就很难转行去做别的事情了。道理与上面的成本收益分析相同。这也意味着初始选择具有极端的重要性。俗话说“男怕入错行，女怕嫁错郎”，就是这个意思。

思考题

请你利用本节讲的原理，证明宏观调控加剧了而不是减缓了经济波动。

三、暴利无从说起

2020年春暴发了世界性的新冠肺炎疫情。这种疾病容易通过近距离的飞沫传播，戴口罩被认为是一种有效的预防手段，于是大众蜂拥抢购口罩，口罩价格暴涨，引发舆论不满。很多人认为，商家的库存是在新冠肺炎疫情暴发之前就买进的，价格极其低廉，现在趁火打劫、坐地起价，是发“国难财”，并且要求政府打击这种哄抬物价的行为。

疫情之前就已经买进仓库里的口罩，确实是以1元的价格进货的，但这是“历史成本”。“历史成本”不是成本。现在口罩的成本是多少呢？是假如商家不持有口罩，能腾出来做别的事情的钱数。那么商家能腾出来多少钱去做别的事情？是不是恰好是口罩的市价？

所以，正确的看法是，口罩的成本等于价格，利润为零，暴利之说无从谈起。

没有错，**成本等于价格，经济利润永远为零。**

你可能会说，不用机会成本，改用“历史成本”，900%的利润率，不就是暴利了吗？

首先，什么叫暴利？凭什么说900%就是暴利？100%算不算暴利？50%呢？10%呢？谁能告诉我，暴利的标准是什么？没有客观标准，也不可能找到一个客观的标准啊！

或许你会说，跟平均利润率接近就不是暴利，偏离太多就是。先不说什么叫偏离太多同样没有客观标准。关键问题是，得先有一个或高或低、或正或负、或暴利或暴亏的利润率，然后才有平均利润率。你怎么可以用后面产生的东西做前面东西的标准呢？

假设有这样一个世界，只有两个项目，一个项目利润率是100%，另一个项目利润率是-200%。现在你认定一下，什么叫合理利润率，什么叫非暴利？①

其次，即便能够认定那是暴利，也不能要求政府进行干预。

凭什么1元进的口罩，能够10元卖出去？因为“新冠”啊！假如没有“新冠”，你有本事把1元进货的口罩卖到10元吗？而且这是突发事件，人们并没有提前准备口罩。现在摆在面前的问题是，口罩需求大幅增加，供不应求。这个问题怎么解决？这个问题不解决，很多人就买不到口罩，新冠肺炎疫情就不能得到有效控制，就会有更多的人因此而丧命。

900%的“暴利”在干什么？在鼓励厂家加班加点生产口罩！在鼓励销售商夜以继日把口罩送到大众手中！所谓“暴利”，其实是市场在帮助我们防治“新冠”啊！

请问：你是选择900%的“暴利”呢，还是选择让更多的人因为口罩短缺而丧命呢？

在市场上，只要人家没有抢、没有偷、没有骗，合法挣的钱，挣多少都是正当的。在没有人为进入限制的市场上，也是不可能有暴利存在的。因为假如真的有暴利，那么别的厂商就会进入，供给就会增加，价格就会降下来。**市场是消除暴利的机制，暴利本身就在于消除暴利。**

每当突发性灾害导致物价飞涨，总有人指责商家哄抬物价、发国难财。可是，假如商家能够哄抬物价，他们为什么只在灾害发生后才哄

① 生活中，因为有很多项目，当然可以算出其他项目的平均利润率，然后拿所要考察的项目的利润率与这个平均利润率进行比较。但是严格来说，这个平均利润率并不是整个经济的平均利润率，因此并没有摆脱先有一个一个的利润率，然后才有平均利润率，不能用后面产生的东西去做前面东西的标准的困境。

抬呢？

其实，道理没那么复杂，如果说口罩价格从1元一只涨到10元一只就是商家哄抬的，那么为什么他只哄抬到10元？他怎么就不哄抬到10000元一只呢？商家根本没有能力哄抬物价，是灾害导致的物资短缺哄抬了物价。

况且，如果有暴利就要政府出面干预，那么暴亏要不要政府救助呢？如果暴亏能够得到政府救助，那么谁还努力去挣钱呢？如果都不努力挣钱了，政府又拿什么去救助暴亏的呢？

如果我们认为商家的库存是在新冠肺炎疫情暴发之前就买进的，价格极其低廉，高价卖出是不合理的，那么捡到的钻石是不是就只能白送人？你捡到钻石后会白送我吗？

按照这个逻辑，天才是天生的，是不是只能获得跟平常人一样的收入？如果天才只能获得跟平常人一样的收入，那么世界上还会有这么丰富的物质和精神产品？

新冠肺炎疫情暴发后，口罩价格迅速上涨，短短三个月的时间，中国不仅能够满足本国需要，还可以大量出口。图5.1是熔喷布价格的变化情况：从疫情前的每吨1.8万元，最高涨到每吨70万元。厂家则加班加点生产口罩，有的甚至转行生产口罩，因为利润太丰厚了。

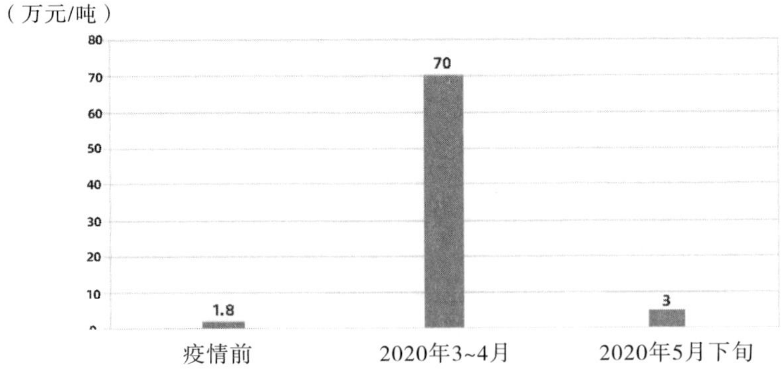

图5.1 新冠肺炎疫情前后熔喷布市场价格变化

数据来源：爱采购网。

暴利本身就在消除暴利。试问：口罩价格是不是很快就下来了？

中国防疫的成功得益于党和政府的正确领导，而其中一条，就是充分发挥了市场的作用。

即使新冠肺炎疫情之前口罩价格是1元，新冠肺炎疫情发生后价格涨到10元，我们也不能指责这是暴利。我们甚至不要问这样做对不对、好不好。我们要问：为什么1元购入的口罩，现在能够以10元卖出去？如果政府禁止口罩供应商涨价，会有什么后果？在第一讲中，我们讲到宋朝知州赵抃在旱灾、蝗灾的时候鼓励商家加价卖米，结果反而平抑了米价。我想，今天我们对市场机制的理解不至于还不如一千多年前的古人吧！

思考题

通过自愿交易获得的利润都是合理利润，舍此还有别的逻辑自洽的合理利润定义吗？

第六讲 | 价格决定成本

一、时间与成本

成本跟选择相联系，而选择是在约束下进行的。

例如，在古代，经济不发达，财富少，没避孕措施，医疗条件差，父母就重男轻女；今天，经济发达了，财富多了，有避孕措施了，医疗条件好了，就不再重男轻女了。又如，法治和市场环境好，人们就选择现代企业制度；反之，就选择家族经营。

时间是最重要的约束，时间不同，成本有天壤之别。

已经花出去的钱，不再有选择了，我们说："历史成本"不是成本。

产品生产出来以后，它的成本是多少？

要回答这个问题，我们需要回到成本的定义，看因持有它而放弃了多少钱去做别的事情。

比如我这部手机，当初花6000元买的，现在市场上只值2000元。请问：这部手机的成本是6000元吗？不是，现在我持有它，只放弃了2000元去做别的事情，因此其成本只有2000元。

我100元买了一只股票，现价90元，那么我持有股票的成本是多少？是假如我放弃股票的话，能够用来做别的事情的钱数，也就是90元。还能有100元做别的事情吗？不能了，只有90元。这正好是股票的市价。可见，成本等于价格，但不是成本决定价格，而是价格决定成本。

买了股票，现在要不要卖出，跟你花了多少钱买来的，是否被套、套多深，有没有关系？没有。那些口口声声我被套了、出不来的人，完全不懂成本概念。这种人除非碰上了大运，否则注定会在股市赔钱的。过去的已经随风而逝，要不要卖股票，只能根据现实形势判断，涨的可能性大就持有，否则就卖出。过去的决定，对了就对了，错了就错了，无法改变。

不是成本在决定价格，而是价格在决定成本，成本永远等于价格。关于这一点，前面已经反复讲过了，这里不过是再次强调罢了。

产品还没有生产出来，那是计划，计划中的成本叫预期成本。

劳务，还没有实施，那是预期成本，一旦实施了，就没有替代选择了，也就没有成本可言了。实施了50%，那50%就没有成本可言了；实施完了，就完全没有成本可言了。

我是理发员，给你理发。理之前，那叫预期成本。一推子下去，由于时光不能倒流，已经没有选择了，因此就没有成本可言了。因此，劳务的成本是预期成本。

生产需要劳务、原材料（可变投入）、机器厂房（固定投入）。涉及劳务的部分，只有预期生产成本。一旦开始生产了，过去的劳动投入因为不再有选择，就不再是成本了。

可变要素是随着产量的变化而变化的要素投入。原材料被认为是典型的可变要素。因这类要素而产生的成本叫可变成本。按照定义，可变成本就是可变要素的市场价格了。

固定要素是不随产量变化而变化的要素投入。机器、厂房被认为是典型的固定要素。因这类要素而产生的成本叫固定成本。固定要素存在跨时期的问题，一般都是一次购买，使用很多年。那么固定成本是固定要素的历史购买支出，还是其当前的市场价格？

历史上花100万元购买机器设备，固定成本是否就是100万元呢？不是，因为花出去的钱不再有选择了，就不是成本了。固定成本是因为持有机器设备而放弃的别的机会。那么放弃的别的机会是什么？是假如不持有机器设备，能拿出来做别的事情的钱数。能有多少钱做别的事情呢？恰好是机器设备当前的市场价格！

固定成本跟历史上花了多少钱购买机器设备没有关系，它取决于现在重新购买这个机器设备需要花多少钱，或者说，这个机器设备现在在市场上能够卖多少钱，这其实是重置成本的概念。我们有重置成本的概念，然而视而不见，偏偏要在那里大谈什么“沉没成本”。

以上内容再一次告诉我们：**成本等于价格，但不是成本决定价格，而是价格决定成本。**

这里，我们有“历史成本”（过去）、成本（现在）、预期成本（未来）三个概念。

产品的成本、劳务的成本、生产成本都是成本，但含义有所不同。劳务的成本、生产成本都是指预期成本。时间是成本的重要维度，当我们谈论成本的时候，一定要明确是哪个时点上的成本。当然，为了方便，有时可能不具体指明是哪个时点，但我们心里一定要清楚。

学习过经济学的朋友可能注意到，我所说的时间，不是马歇尔的长期、短期，而是真实世界的昨天、今天和明天，过去、现在和未来。

表面看，我区分成本、预期成本，似乎把成本概念讲复杂了。但实际上，如果不这样处理，那么像成本和价格的关系这么基础的问题，经济学就不能给出逻辑自洽的说明。

成本影响价格吗？我们的分析表明：不是成本决定价格，而是价格决定成本。但是，成本怎么可能不影响价格呢？马歇尔说：短期，成本不影响价格；长期，成本影响价格。可是，长期成本就不是机会成本了吗？同样是机会成本，短期不影响价格，怎么长期就影响呢？马歇尔错了，两百年来，经济学也都跟着错了。关于这个问题，下一节我们再讨论。

思考题

科斯说，价格、成本、收益是一回事，只是从不同角度看问题，你怎么理解？

二、预期成本才影响价格

不是成本决定价格，而是价格决定成本。那么，直觉上人们又为什么认为成本决定价格呢？难道人们的直觉都错了吗？怎样才能把经济学的理论与人们的直觉打通呢？

首先，**“历史成本”不是成本，当然也就不可能影响价格。**

在西湖边上，白送你一块地，你盖了房子，可能便宜卖给我吗？反之，用每平方米一亿元买了地，盖了房子，你可能每平方米一亿元卖给我吗？答案是都不可能。无论土地是白来的，还是每平方米一亿元高价买来的，房价该卖多少还卖多少。可见，房价跟土地的进价没有任何关系。

“锄禾日当午，汗滴禾下土。”不管你投入了多少才把菜种出来，当卖不出去第二天菜就要烂掉的时候，你不会考虑种菜的投入，只会盘算能卖多少算多少。你会争取卖最高的价钱，但能卖多少跟你的投入没有关系。

在鹤岗、玉门，一两万元就可以买一套70平方米的房子，这个价钱肯定是低于当初的建造成本的。这个活生生的例子再一次证明了，“历史成本”的确不影响产品价格。

事实上，假如“历史成本”真的能够影响产品价格的话，那么做生意就不会有亏损了。假如“历史成本”真的能够影响价格的话，那么我们又如何解释天然钻石比人造钻石贵呢？

其次，**成本也不影响价格，不是成本决定价格，而是价格决定成本。**

一栋房子，其成本是多少？恰好是这栋房子的市价。因为，假如房子的市价是1000万元，那么持有房子的话，就放弃了用1000万元去做别的事情的机会。就是说，是价格在决定成本，而不是成本在决定价格。在俄罗斯远东地区有不少废弃的城市，那里的房子价格为零，可是市场上钢筋、水泥的价格肯定不为零。这还不能说明产品价格跟要素价格没有关系吗？

菜的成本是因为持有它而放弃的可以用来做别的事情的钱数。这个钱数恰好是其市价。那么，这个市价跟现在市场上种子、农药、化肥的价格有没有关系？没有。当菜卖不出去第二天就要烂掉的时候，即便现在市场上种子、农药、化肥的价格涨到天上去了，你也不能考虑这些，你只会盘算能卖多少算多少，你会争取卖最高的价钱，但无论如何，现在菜能卖多少跟现在市场上的要素价格，同样没有关系。

影响价格的其实是预期成本，成本不影响价格，但预期成本影响。

假设其他因素不变，包括需求也不变，预期成本高，那么未来的供给就会少，产品未来的价格就会上涨。预期到未来价格会上涨，在现货市场上人们就会惜售，产品的现货价格也会上涨。预期成本低，假设其他因素同样不变，那么未来的供给就会多，产品未来的价格就会下降。预期到未来价格会下降，在现货市场上人们就会抛售，产品的现货价格也会下降。

影响房价的其实是预期地价。预期地价提高了，假设房子的需求不变，那么，开发商就会少买地少盖房子，未来房子的供给就会减少，未来房价就会上涨。预期到未来房价会上涨，在现货市场上人们就会惜售，现在的房价也会上涨。预期地价降低了，假设房子的需求同样不变，那么，开发商就会多买地多盖房子，未来房子的供给就会增加，未来房价就会下降。预期到未来房价会下降，在现货市场上人们就会抛售，现在的房价就也会下降。

那么，地价和预期地价有没有确定的关系？没有。因此，地价和房价就没有确定的关系。

不是说要素市场就不会影响产品市场，而是这种影响是通过预期实现的；不是要素价格影响产品价格，而是预期要素价格影响产品价格。

生活中，经常有人这样讲："你看，地价这么高，房价跌不到哪里去。"房价是涨是跌，那是另外的逻辑，其涨跌跟地价没有关系。君不见，破产的"地王"多了去了。

前面讲过，工业发展有看头，粮食价格就会高，因为打工收入是种粮的劳动成本。或许你会质疑：你不是说成本不影响价格吗，怎么又说种粮的成本高，粮食价格就会高呢？

其实，影响粮价的仍然是预期成本。不要忘了，劳务的成本是预期成本。种粮是一种劳务，种粮的成本本质上是预期成本。发展有看头，种粮的预期成本就会高，人们就会少种粮、多打工，从而导致粮价高。

生产成本是影响价格的。但是，生产成本都是预期成本。

我在前面要求大家牢牢记住：时间是成本的重要维度，没有时间规定，无法谈论成本。这个时间不是教科书的长期、短期划分，而是真实世界过去、现在和未来，昨天、今天和明天的划分。教科书说，短期，成本不影响价格，长期则影响，这是什么逻辑嘛！难道短期里，成本才是机会成本，长期中，成本就不是机会成本了？只要你的成本是机会成本，那么逻辑上永远都是：不是成本决定价格，而是价格决定成本，成本永远等于价格。

学问就是这样，魔鬼隐藏在细节中，失之毫厘谬以千里。不谈预期，却谈成本影响价格，错得浅，错得离谱，错得不应该。

只要我们重视成本概念的时间规定性，就必然要清晰地区分“历史成本”、成本、预期成本。预期成本和成本完全不是一回事。预期成本影响价格，可是成本却不影响价格。成本等于价格，经济利润永远为零，但预期成本可以不等于预期收益，预期利润可以为正。生产成本其实是预期生产成本，利润最大化是一个错误的概念，预期利润最大化才是一个正确的概念。

只有这样讲述成本以及成本与价格之间的关系，经济学才可能完备、兼容，才能自圆其说。然而非常遗憾，现在可见到的教科书都没有这样讲。

西安交大的俞炜华教授说，谢老师对成本、租、外部性等核心概念进行了深入的思考和细致的打磨，发现不少传统价格理论欠缺甚至是谬误的地方。我觉得，这个评价是中肯的。

思考题

一墙之隔，小产权房便宜，商品房贵，是因为小产权房没有土地出让金的缘故吗？

三、成本、收益与约束条件

总有人讲：你不能只搞成本收益分析，还要考虑历史、文化、法律等因素。

是啊，人的行为怎么可能不受历史、文化、法律等因素的影响呢？但是，成本收益与历史、文化、法律不是一个层面上的东西。后者是决定成本收益的约束条件。同样的行为，约束条件不同，成本收益是不一样的。例如，同样是不和年老的父母住在一起，在西方文化下，会被认为是一件正常的事情，但在东方文化下，就可能被认为是不孝顺，是一件高成本的事情。

历史、文化、法律等因素是通过影响成本收益，进而影响人的行为的。

除了历史、文化、法律，还有产权、信息、交易费用等约束条件。时间、空间也是约束条件。时间、空间也是约束条件。更一般地，行为时不能改变又受其影响的任何事物，都是当时行为的约束条件。

影响行为的约束条件很多，这就需要从中筛选出关键变量来。

首先，约束条件的取舍依赖于所研究问题的性质。

假如我们要考察的问题是物体越重下落速度是否越快，那么空气阻力就不可忽略。但是，如果考察的问题是铅球从空中落下来的速度是多少，那么空气阻力就可以忽略不计。

假如问：垄断者是怎样对产品进行定价的？那么交易费用可以忽略。但如果问：垄断定价是否有效率？交易费用就不能忽略。如果考察市场是如何实现供求平衡的，那么交易费用可以忽略。但如果我们考察的问题是为什么会有市场，那么交易费用就不可忽略。

你正在读硕士，要不要努力学习，跟你已经拥有怎样的知识水平没有关系。但硕士毕业了，要不要继续攻读博士，你已经拥有的知识水平就构成了你行为选择的重要约束。

所以，明确问题是第一步。当年我读博士的时候，去跟导师汇报论文的进展情况，导师总是要求我用一句话把研究的问题讲清楚。如果我一句话讲不清楚，他就不跟我讨论论文。很多人思维之所以混乱，就是因为他脑子里问题不清晰。

其次，约束条件的取舍还需要长期的经验积累。

经济学非常简单，就是只从成本收益角度分析人的行为。

只从成本收益角度分析问题，就可以把精力用在是哪些约束条件决定了成本收益的大小及其变化上。这就使问题程式化了。遇到任何行为，你无须考虑别的，只需进行成本收益计算就可以了，就可以避免走弯路、岔路。学问就是给人提供简约的看世界的视角和方法。

这条路入门虽简单，但要能熟练运用并不容易，需要多做练习。要寻找真实世界的现象和行为，去解释它们。

到此为止，成本收益方法的介绍就要告一段落了。在结束这部分内容之前，我想用这一方法分析一个被认为是最不能用成本收益方法分析的婚姻爱情问题。我想通过这个分析再次告诉大家：人的一切行为，都可以通过成本收益分析给出解释。

为什么男方求婚要送上戒指？为什么结婚女方要收彩礼？

不要以为这是封建、落后。这是让他付出代价。没有代价，他说"我爱你"，你怎么知道他是真爱呢？言论没有成本，行为却有代价。要送上戒指，付出代价，那么，如果不是内心真爱，就不会用嘴巴骗爱了。当然，这个代价是相对于他的收入和财富而言的，并不绝对。

为什么结婚要大宴宾客，让人人皆知？是要提高他离婚的成本。要敲锣打鼓，让乡里乡亲都知道他娶了你，他要是变心，大家就都知道他是个负心郎，就没有女孩子再嫁他。反之，他要是悄悄地就跟你结了婚，那他也可以不动声色跟你离了再娶。

为什么在男女关系中，男方常常主动，女方往往被动，为什么女孩子一般具有矜持的性格？

答案也可以通过成本收益分析来找到。因为女性会怀孕生孩子，成本高，男性不会，成本低，天然有"花心"的倾向。而且，人类的怀孕期和哺乳期长，在此期间女性没有能力单独养活孩子和自己。因此，女孩子必须确保追求者是真心爱自己，并且有能力养活孩子和自己。能力好鉴别，学历、职业、家庭背景等都可以帮助作出判断。但是否真心爱自己就难鉴别了，于是女孩子就进化出矜持的本能。女孩子不能主动，她必须让男孩子千辛万苦地追求，只有这样，才能把那些不是死心塌地爱自己的人淘汰掉。

女孩子的芳心是不容易打开的。玫瑰花都是送给女朋友的。优美的小夜曲都是傍晚小伙子在姑娘窗前拉唱的。然而，没有一种曲子是傍晚姑娘在小伙子窗前拉唱的。就算有，也不会美。女追男的事，不是没有，但是不普遍，而且常常没有好结果。祝英台是追了梁山伯的，但得女扮男装才能追，而且双双化蝶，成为凄美的传说。

人类也因此进化出了男主女从的文化和习俗。李白有诗云："雄飞雌从绕林间"，很美。但是，如果说"雌飞雄从绕林间"，还美不美？那就一点都不美了！

与此同时，人类又进化出女人婚后不嫉妒、包容大度的文化和习俗，因为不这样，成本反倒又高起来。其中逻辑，你能说明吗？

根据上面的分析，我们可以推断，避孕技术将深刻改变女性的性格。未来，女性被动的性格很有可能会改变。这一改变，现在是不是已经露出端倪了？就让时间来检验一切吧！

一个有趣的话题是：人们熟悉达尔文的进化论，可是很少有人知道，进化论其实是达尔文看了亚当·斯密的《国富论》之后，受到其"物竞天择，适者生存"思想的影响而创立的。

思考题

约束条件的取舍，依赖于所研究问题的性质，你能不能给出一个具体的例子？

第七讲 | 科斯定理

一、到底谁伤害了谁

企业生产时要排污，企业伤害居民了，对不对？牙医工作时要产生噪声，牙医打扰邻居了，对不对？我们习惯性认为答案是肯定的，然而科斯有不同看法，他质疑道：到底是企业排污伤害了居民，还是居民妨碍了企业排污？到底是牙医打扰了邻居，还是邻居妨碍了牙医工作？

科斯的答案是：**影响是相互的，不好说谁伤害了谁。**

科斯曾研究过渔民海上通信时相互干扰的问题。渔民出海要通过无线电波与岸上的家人联络，电波之间会相互干扰，那么问题来了：是谁干扰谁了呢？答案就不那么清晰了。

科斯是幸运的，因为这种情况可以让我们抛弃先入为主的成见，清晰地看到：影响是相互的，不好说谁干扰了谁。影响是相互的，并非天然的企业排污就伤害了居民，可能反而是居民妨碍企业排污了；并非天然的就是牙医打扰了邻居，可能反而是邻居追求安静妨碍牙医工作了。

影响不仅是相互的，而且时时处处都存在，那么到底谁伤害谁、谁妨碍谁了呢？

科斯的答案是：**没有权利界定，就没有伤害；没有权利界定，不知**

谁伤害了谁。

你娶了女神，我就没有机会了，是否伤害了我？福特公司生产出廉价的汽车，打垮了马车行业，伤害马车商了吗？

不是你感觉受伤害了，就真的受到伤害了。影响是相互的，没有权利界定，无从讨论谁伤害了谁。而有了权利界定，那么上面的问题就有了清晰的答案。

你娶了女神，让我失去了机会，并没有伤害我，因为我俩有平等追求女神的权利。只有你破坏我的婚姻，才伤害了我。福特公司通过市场竞争打败马车，没有伤害马车商，因为所有企业都有自由开展市场竞争的权利。但如果它通过造谣诽谤的方式打败马车商，那么就对马车商构成伤害。

一个苹果，我买了，你就不能买了，我伤害你了吗？没有，因为我和你都有跟商家自由交易的权利，都有从卖家那里购买苹果的权利。记住：我们的权利保护，不是保护哪一个人的，也不是保护哪一部分人的，而是保护所有人的，就是说，不是个别的权利保护，而是普遍的权利保护（权利一定是普遍的，不然就是特权）。因此，**只要是自由买卖，那么就不存在谁伤害谁的问题。**

我在高档小区喧哗，影响了你，这构成侵权，因为高房价隐含了安静的环境。但如果我在低档小区或者临街的房子同样喧哗，影响你了，又不构成侵权，因为低房价本来隐含嘈杂。

针对有关污染侵权的案子，法官应该怎么判？

要看权利是怎么界定的。如果没有明确的权利界定，那么谁先入住将是一个重要的判决依据。

20世纪80年代，广东佛山招商引进一家世界500强企业。后来因为居民投诉，说企业污染了环境，企业被赶走了。这样做有没有道理？没有道理。因为当时建厂的时候，四周都是荒地，并没有人居住。先建厂，后盖住宅楼，居民要是嫌污染，就不要买周围的房子。企业产生污染，那里房子的价格就一定低廉。低价格已经反映了污染，不能在享受了低价格的好处之后，要求企业搬走。当然，用协商补偿的办法让企业搬走，这是可以的。

火车开到岔道口后，司机发现左边道上有一个小孩在玩耍，右边道上有三个小孩在玩耍，可是火车已经停不下来了。假如你是司机，该怎么选择？将车开向左边道上还是右边道上？

一般人会认为，应该避开三个小孩，让火车开向只有一个小孩的左边那条道。但实际上这个认识是错误的，因为价值是主观的，不能说三个孩子的生命价值就比一个孩子的大。学问要讲究逻辑一致。如果这样做是正确的，由于年轻人价值大，老年人价值小，当年轻人得了病，那么是不是就可以割下老年人的器官去救年轻人呢？

所以想知道自己的分析对不对，不妨把分析的逻辑平推到别处，如果结论也成立，那么大概率是对的；如果平推到别处后结论荒谬，那么一般来说就是错的。

如果左边是岔道，右边是火车正常行驶的路线，那么即使会轧到那三个小孩，火车也不应该变道。否则，就是三个小孩把自己暴露在风险之中，司机却让另一个小孩承担后果。假如司机真这样做了，左边那一个小孩的父母一定会向司机追责的。而如果司机按照正常路线行驶，即使轧到三个小孩了，也没有责任。

化工厂围墙上有个洞，小孩误入后死了，责任怎么判？应该判化工厂承担责任，因为小孩没有行事能力，不能自行判断风险。但如果是成年人误入后死了呢，就要自己承担责任。

部分学者有一个不好的倾向，喜欢把自己当成上帝，替他人权衡利弊得失，学术的说法就是进行功利计算。但这完全是错误的。既然价值是主观的，那么任何人都没有办法去替他人做功利计算。

实际上，在权利清晰界定的地方，只要按照界定的权利来行事，结果必然是最有效率的（见下一节）。而且，在权利清晰界定的地方，也只能按照界定的权利来行事，否则，还界定权利干什么？我们不能前面界定了权利，后面又不按界定的权利办事。

麻烦在于，权利并不总是清晰界定的。真正复杂的是权利没有清晰界定的领域。例如，公共场所应不应该禁止吸烟？答案并不那么显而易见。关于这个问题，我们后面再讨论。

我们给出三个概念，一个是私域，另一个是公域，再一个是无主资产。所谓私域，就是权利清晰界定的领域。所谓公域，就是权利没有或者不能清晰界定的领域。只要产权清晰，即便共同使用，也是私域。我家的客厅，经常和朋友、学生共同使用，但仍然是私域。商场有明确的主人，即便大家共同使用，也是私域。公寓里的楼道、小区的道路以及绿化带，它们有主人，属于全体业主所有，但是每个人到底有多少，又没法量化，这就是公域。如果地球上发现了一个从来都没有人到过的小岛，这样的小岛就属于无主资产。

私域简单，不管什么情况，都要尊重产权主人的选择，否则就破坏产权了，逻辑就不自洽了。无主资产也简单，谁先到，归谁所有，听谁的。复杂的是公域，公域不存在简单的治理手段。

思考题

权利界定是伤害与否的前提，这个道理讲出来如此浅显，但为什么我们没有想到呢？

二、产权清晰重要，给谁不重要

发现一个山洞，山洞既可以用来窖藏地瓜，也可以用来窖藏金银，那么山洞最终会被用作什么呢？科斯说，只要山洞的产权是清晰的，那么就一定会被用在最高价值的用途上。

假设窖藏金银能够创造更高的价值，而山洞归农民所有，那么银行家一定会向农民租用山洞。农民一看，窖藏地瓜的收益还不如银行家给的租金多，自然就会把山洞租给银行家。反过来，假设窖藏地瓜能够创造更高的价值，而山洞归银行家所有，那么农民一定会向银行家租用山洞。银行家一看，窖藏金银的收益还不如农民给的租金多，又会把山洞租给农民。

结论是什么？只要产权是清晰的，那么不管归谁所有，山洞都会被用在最高价值的用途上。换言之，只要能够进行交易，那么资源必然会被用在最高价值的用途上。

由于表面上交易的是物，实际是物背后的权利，因此我们就有如下的**科斯定理**（斯蒂格勒版本）：**假如权利界定是清晰的，并且交易费用为零（可以交易），那么不管初始产权如何配置，资源最终都将落到具有最高价值的用途上。**

科斯定理表明，产权清晰界定重要，但是其初始配置不重要。只要产权是清晰的，无论怎样配置，哪怕用抓阄的办法胡乱配置，最终资源也会落到最能发挥其作用的人的手中。

考虑两种完全相反的产权配置：第一种，企业有权污染居民；第二种，企业无权污染居民。两种情况下，企业的排污量有区别吗？科斯说：没有区别，两种情况下排污量一样。

假设企业有权随意排污。可是居民不是木头，他们会找企业谈判，说：你少排一点污，我们给你一些补偿。如果企业执意要排污，那么就放弃了居民的赎金。反过来也一样，企业也可以给居民赎金，购买排污权。在一般人看来，企业排污伤害了居民，是居民的成本，但科斯说，这个成本其实是企业自己的。这就是说，只要可以交易，我们就可以把企业和居民看作一个整体。既然是一个整体，排污量又怎么会不一样呢？因此，**无论排污权怎么界定，只要是清晰界定的，并且可以交易，那么最终的污染排放量是一样的。**

科斯定理无非是说：交易关系中的双方，你的成本也是我的成本，你的收益也是我的收益，当然，我的成本也是你的成本，我的收益也是你的收益。如果交易费用为零，那么应该把交易双方看作一个整体。只要习惯这样看问题，你立即就能看到一个不一样的世界。

高房价是工人的高生活成本呢，还是企业的高生产成本？

答案是：既是工人的高生活成本，也是企业的高生产成本。

以此观之，没必要对交易关系中的某一方提供特殊保护。

举个例子。法律对妇女产假是有统一保护的。但是，就算法律不提供统一的保护，老板会不会考虑员工的产假需求？会的，因为假如他不考虑的话，那么愿意到他那里上班的人就少，他的用工成本就会高，企业就没有竞争力，他就会被自己打败。

当然，考虑到请产假是一个普遍性的需求，通过立法统一确定一个保护期，以便节约谈判费用，这是可以的。全国统一签订一个合约，与每个人分别签订合约相比，有时候更节约交易费用。但是，保护期不能过长，否则会给被保护的妇女带来伤害。道理不难理解：假如产假的保护期过长，那么企业在用工的时候就不愿意雇用女性，最终反而伤害了女性的利益。

过去，在司法实践中严格区分刑事和民事两种责任。民事案件可以通过赔偿和解，但是刑事案件不行。例如，我盗窃了，愿意赔偿，受害者也愿意接受赔偿而不提起诉讼，但检察院还是会向法院起诉，给我惩戒。现在已不严格区分刑事责任和民事责任，两者都可以通过侵权方对受害人的补偿来实施惩戒。

放火可以和解不？我家房子值100万元，给我200万元，你烧吧！

放火可以和解，那杀人可不可以和解？注意，自愿交易意味着，当涉及其他利益相关者的时候，需要所有利益相关者都同意。因为我们没有办法知道死去的人到底愿不愿意和解，因此杀人不能和解。

或许你会质疑：和解不是鼓励有钱人犯罪，给有钱人特权吗？

和解并没有鼓励有钱人犯罪，因为任何人都不知道事后需要多少赔偿才能和解。在不知道事后受害人是要20万元还是200亿元的情况下，没有人因为可以和解就大胆犯罪。

和解也不是给有钱人特权，因为主动权、选择权在受害人手里。纵使你有钱，可是如果受害人不愿意接受和解，那么你就还得接受法律的惩罚。法律惩罚作为兜底永远在那里。如果一定要说特权的话，那也是给受害人特权，受害人多了选择权。

但是涉及毒品等的买卖，我们必须谨慎，因为会影响他人。

在相关者都同意这个意义上，一切皆可交易。

生产可能创造财富，也可能消灭财富，但是交易一定创造财富。在上海外滩种水稻，可以挣10万元，盖房子呢，可以挣1000万元。你在外滩种水稻，尽管也是生产，但是并没有创造财富，反而消灭了990万元的财富。一支笔，卖家觉得值5元，买家觉得值7元，6元成交，社会增加了2元财富。

所以不限制人们自由交易，社会就富裕；反之，必然贫穷。

自由交易能够实现资源的最大价值，这是古老的交易定理。最重要的自由交易是市场交易。但是市场交易的前提条件是什么，前人没有讲清楚。科斯指出：**清晰的权利界定是市场交易的前提**，这又被称作奈特版科斯定理。产权清楚界定重要，至于界定给谁不重要。当然，这只是就经济效率而言，没有考虑分配效应。产权界定给不同的人，财富分配会有天壤之别。因为现实生活中存在财富分配的问题，所以产权界定给谁又始终是一个极其敏感的话题。

不一定是企业伤害了居民，也可能是居民妨碍了企业排污。无论企业有权污染居民，还是居民有权拒绝企业污染，污染的排放量是一样的。这些道理简单，为什么我们想不到？因为我们被成见束缚了。成见是创新的大敌，只要能够摆脱成见，一夜之间就可以成为准高人。

上述分析以交易费用是零为前提。交易费用不为零又怎样呢？

思考题

科斯定理被认为改变了人们看世界的方式，请问：在哪些具体事情上改变了你的看法？

三、科斯反定理不成立

科斯定理表明，产权清晰界定重要，至于界定给谁不重要。只要产权是清晰的，无论怎样配置，哪怕用抓阄的办法胡乱配置，最终资源也会落到最能发挥其作用的人手中。

你会说，交易费用为零才这样，交易费用为正就未必了。

直觉上，如果交易费用不为零，那么产权的初始配置就至关重要。有人据此得出结论：交易费用为正，那么产权的初始配置就是重要的。这被称为科斯反定理。

年轻的时候，我也被这个反定理误导，可是后来我发现它是错的。学问就是经常跟你的直觉不一样。如果直觉都对，那还要学习干什么？

交易费用不为零，存在发现交易对手、签订协议以及完成交割的费用，资源可能无法从初始所有者流向更能发挥其作用的人那里。这样看问题，自然会得出产权初始配置重要的结论。一块地，张三用能创造5元的价值，李四用能创造10元的价值，怎么能说产权初始配置不重要呢？可是做假设容易，然而实际上想知道资源在张三手中能创造多少价值，在李四手中又能创造多少价值，并不是容易的事情。关键是，资源不只是在张三、李四之间配置。确切知道资源在所有潜在竞争者手中能创造多少价值，几乎是不可能的事情。

既然不知道谁能更好地利用资源，那么初始产权应该怎么配置才最优？随便怎么配置。尽管产权配置给不同的人创造的价值会不同，但都是有效率的。

举个例子。你收养了一群流浪狗，不知道每个狗的胃口大小，那么怎么投放食物才最优？只能随便投放了。结果是，有的狗吃不饱，有的狗又吃不完。那么能不能说，你的狗粮投放不合理、无效率呢？不能，因为你不知道每个狗恰好吃多少！

就是说，不管怎么配置初始产权，只要清晰就行。交易费用不为零，仍然是产权清晰界定重要，至于界定给谁不重要。即科斯反定理不成立。

产权初始配置不"完美"没有关系，因为市场交易会对其作出改进。市场上表面交换的是物，实际交换的是物背后的权利。市场以清晰的权利界定为基础，又进一步改进产权配置。每一次的市场交易，都是在改善产权配置，无效率的产权配置不可能是一种稳定状态。假如产权初始配置就是"完美"的，那么还要市场干什么？怎么可能还有市场交易呢？

即使交易费用高，无法产生市场交易，也无须担心，因为约束下利益最大化公理意味着，人们无时无刻不在想方设法降低交易费用，因此动态地看，资源还是会落到最能利用它的人手中。只要产权清晰，就算动态地看不会发生市场交易，产权主人也一定会用非市场的办法捕捉潜在的利益，这也是约束下利益最大化公理的应有含义。这里涉及正交易费用世界的效率标准的问题，第二十讲我们再讨论。

有人说：法律面前人人平等，虽然公平，但是没有效率。例如，谢老师偷东西打80板才不偷，某名人打20板就不偷了，可是法律面前人人平等，各打50板。结果是什么？谢老师继续偷，某名人第二天不能干活了。为什么不对谢老师打80板，对某名人打20板呢？

问题是：你怎么知道谢老师打80板正好不偷，某名人打20板正好不偷？13亿人，每个人各打多少板正好不偷？这个信息费用高得惊人。考虑了这个费用，法律面前人人平等，各打50板，既公平，又有效率。这说明，**"完美"不是有效率，不"完美"反而可能有效率。**

不要追求“完美”，脱离现实约束的“完美”与灾难无异。为什么全世界殊途同归，都走向了大政府、走向了干预主义？一个很重要的原因就是懂得正交易费用下“完美”不是有效率，不“完美”反而可能有效率的人太少了。

没有交易费用时，不能说产权配置给张三就无效率。有交易费用时，还是不能说产权配置给张三就无效率，更不要说政府或者第三方有识之士认定资源有更好的用途，就可以强制干预。

产权清晰界定的地方，尊重产权主人的选择。这就叫“风能进雨能进国王不能进”。我的财产我做主，任何人都不能以任何理由进行强制干预。否则，就是破坏产权。

产权清晰界定的地方，无论是零交易费用还是正交易费用，资源都会达到最优的配置。无须他人管，他人也不可以管。麻烦出在产权无法清晰界定的领域。这个问题后面我们再讨论。

在此要特别提醒的是，资源在张三手中只能创造5元的价值，在李四手中却能创造10元的价值，但只要产权是清晰的，即使初始产权配置给了张三，也不能说就有无效率发生。在学界恐怕只有我这样讲。我既没有完全否定政府干预，又限定了干预的范围。在产权清晰界定的地方，任何第三方都不能强制干预；但在产权没有清晰界定的地方，就不能排除政府干预。只有这样，才真正反击了干预主义。

思考题

有交易费用，资源还能实现最优配置，是因为动态地看人们无时无刻不在降低交易费用。对于紧急避险情况，由于来不及谈判，交易费用无穷大，又没有动态过程，这种情况下该怎么办？

第八讲 | 市场的前提

一、竞争无时不在

竞争是一个与稀缺性相伴随而存在的概念。只要资源是稀缺的，又有两个以上的人，那就总是包含着竞争。**竞争无时不在、无处不存，竞争从来都是激烈的。**

垄断就没有竞争了吗?

错！因为每个人都在竞争垄断的权力，都想当垄断者。

垄断并不消除竞争，只是改变竞争的方式——不是在一个给定的市场上进行残酷的价格竞争，而是竞争如何才能进入市场中去。

皇帝是不是垄断？皇帝独一无二，当然是垄断，但你知道有多少人想当皇帝？陈胜、吴广振臂高呼："王侯将相宁有种乎？"你们猜猜，谢老师想不想当皇帝？普通如谢老师这样的人，都想当皇帝，竞争能不激烈吗?

众所周知，传统计划经济下出工不出力的现象非常普遍。出工不出力，就是偷懒了。那么偷懒是不是竞争呢？一般认为偷懒是缺乏竞争的表现，当然不是竞争。但我认为偷懒也是竞争，是在竞争悠闲。偷懒也是要消耗心智的，不然，为什么他偷着懒了，你却没有偷着？为什么他干了轻松的活，你干的却是又脏又累的活？

每种行为都是竞争，只是竞争方式不同罢了。一切结果都是竞争之果，只不过是由不同竞争方式所导致的罢了。发明创造、降低成本，是竞争；偷鸡摸狗、坑蒙拐骗，也是竞争。吃苦耐劳、努力工作，是竞争；偷奸耍滑、拉帮结派，还是竞争。

高手看世界是简单的。所谓简单，就是看到不同事物背后相通的东西。你把偷懒和竞争对立起来，认为偷懒是缺乏竞争，就是“低手”。偷懒也是一种竞争方式。你把垄断和竞争对立起来，认为垄断消除了竞争，也是“低手”。垄断没有消除竞争，只是改变了竞争的方式。

写文章，要尽量让自己和别人相区别，这是存异而不是求同，是为了发表的需要。但是从增长学问的角度，要点却不是存异，而是求同，就是要看到不同事物背后相通的东西。

既然竞争无时不在、无处不存，竞争总是激烈的，那么经济效率良莠不齐，就不是有没有竞争，或者竞争激烈不激烈的缘故。**重要的不是竞争本身，而是竞争的方式。**有的是生产性的、租值增值的竞争，有的是非生产性的、租值消散的竞争，这才是问题的关键。

树上结满了鲜甜可口的李子，孩子们可以通过多种方式来分配李子。

他们可以用“价高者得”的办法来分配李子。谁出的价钱高，李子就归谁所有。这是竞争。这个竞争有什么好处呢？因为买李子的钱不能抢、不能偷、不能骗，只能赚来，而要赚钱，就一定要对社会有贡献，他必须在别的地方创造出相当于李子的价值来。假设这碗李子值10元，在这种情况下，一个人要获得这碗李子，就必须在别的地方创造出10元的价值来。

孩子们也可以用“先到者得”的办法来分配李子。这也是竞争。这个竞争有什么不好呢？为了得到李子，孩子们要排队，但是排队的时间对社会没有任何好处。和第一种情况相比较，得到李子的人不需要在别的地方创造10元的价值，整个社会就少了10元的财富。

当然，孩子们还可以用“力大者得”的办法来分配李子。恰如动物世界，谁的力气大，食物就归谁吃。这还是竞争。这竞争就更坏了，不只是孩子们不需要在别的地方创造10元的价值。在这个竞争过程中，他们至少要付出体力的代价，但是这个代价对谁都没有好处，李子的价值被这代价抵消了。如果因此孩子们打得头破血流，李子的价值还不够缝伤口的医药费，整个社会的财富减少了。

我们经常听到租值消散的概念。什么叫租值消散？不那么严格地说，就是社会本来可以创造10元的价值，可是因为某种原因，只创造了8元的价值，这就叫租值消散。

第一种是生产性的、租值增值的竞争，第二种、第三种则是非生产性的、租值消散的竞争。不难想象，前者经济社会即使不是欣欣向荣，也断不会差到哪里去；后两者经济社会不是一贫如洗，也必然民不聊生。

为什么东德、西德生活水平差别那么大？因为西德主要采用第一种竞争方式，而东德不是。为什么改革开放前我们吃饭问题都解决不了，改革开放后很快就解决温饱，现在已进入小康社会？因为改革开放后大多数场合我们采用第一种竞争方式，而改革开放前不是。竞争方式不同，经济社会的福利水平天壤之别！

那么竞争方式由什么决定呢？我们说，竞争方式由胜负准则（游戏规则）决定。有什么样的胜负准则，就有什么样的竞争方式。**决定胜负的准则不同，竞争的方式就不一样。**

如果决定胜负的准则是“价高者得”，那么竞争的方式就是努力创造财富。因为降低成本、开发新产品和发现新市场是创造财富的好办法，所以在这个准则下，降低成本、开发新产品和发现新市场就会蔚然成风。

如果决定胜负的准则是“先到者得”，那么蜂拥而至、排队等待就是必然的选择。

如果决定胜负的准则是“漂亮者得”，那么竞争的方式就是割双眼皮，做整容整形。

如果决定胜负的准则是“官大者得”，那么人们就会不顾自身的比较优势，明明自己更适合做科学研究、经营企业，也要不管三七二十一，都挤向那座独木桥。

这并不是我的异想天开。这些准则，在我们社会的不同场合或多或少都在使用。甚至，还可能以“人多者得”作为胜负准则。如在计划经济下的农村，很大程度上就是以人口多少来分粮食。

决定胜负的准则千千万，但只有“价高者得”才没有租值消散，别的胜负准则或多或少都有租值消散。“先到者得”，那么排队的时间就是消散的租值。“漂亮者得”，那么拉双眼皮所承受的身心痛苦就是消散的租值。“官大者得”，那么比较优势的丧失就是消散的租值。

既然只有“价高者得”才是没有租值消散的，那么决定胜负的准则又是由什么决定的呢？

思考题

既然只有“价高者得”才没有租值消散，为什么我们不全部使用这个准则呢？

二、产权至关重要

既然只有“价高者得”才没有租值消散，那么什么条件下人们才会采用这一准则呢？

我们说，只有在产权清晰界定的情况下，才可能采用“价高者得”的胜负准则。

道理不难理解，假如这个东西是我的，不考虑无偿赠与的情况，当然是谁出的价钱高，我就卖给谁。但是，假如这个东西产权不清，我哪有积极性去卖最高价呢？

科斯定理（奈特版本）明确告诉我们：清晰的权利界定是市场和市价的前提条件。

所谓产权清晰，是指界定到个人。任何没有清晰界定到个人的产权都不叫清晰。由于机器、厂房作为一个整体具有不可分性，因此从物质形态上讲，没有办法清晰到个人，不可能说这部分归你，那部分归我。但是从价值形态看，是可以清晰界定到个人的。你拥有多少股份，我拥有多少股份，可以分得一清二楚。

注意，因为使用市场有费用，并且费用不低，因此并不是说产权清晰，别的胜负准则就不会被使用了。例如，在企业内部就不是按照出价高低来配置资源。公司要写一份规划，不会谁的要价低就让谁写，而会通过行政命令来安排，一般直接让办公室来做这样的事。

但是，如果想用“价高者得”的办法来配置资源，那么产权就必须清晰界定。

20世纪90年代，林毅夫、蔡昉、李周合写过一本书——《中国的奇迹：发展战略与经济改革》。其主要观点是：市场按照比较优势组织生产。当时中国的比较优势是劳动密集型产业，而政府要优先发展重工业，因此就不能搞市场经济。那么怎么取缔市场呢？取缔个人产权就取缔了市场经济。因此，破坏市场经济最厉害的手段就是破坏其产权基础。

计划经济追求“一大二公”，改革开放后“平等保护各种所有权”被明确写进宪法。政府更是多次重申，毫不动摇巩固和发展公有制经济，毫不动摇鼓励、支持、引导非公有制经济发展。可以这样讲，改革开放最重要的一点，就是对于非公有制经济和个人产权的重新承认。

所以，20世纪90年代中国才开始产权改革的说法有待商榷。市场化改革一开始，产权变革就启动了。全部的经济改革归根结底体现在、也一定体现在产权的变革上。事实上，如果改革特指向市场转变，那么凡是不能体现产权清晰界定的，就都不是改革。

产权是资源的使用权、收益权、转让权等权利。它有名义产权和实际产权的区分。名义不重要，实际才重要，也就是使用权、收益权、转让权等权利的实际配置才重要。

关注权利的实际配置，我们就会发现，无论是农村的家庭联产承包责任制，还是国企改革中的利润留成、利润包干、经理人员持股和股票期权，本质上都是对于个人产权的承认。

阿尔钦讲："产权和竞争是一回事。"这话深刻，但不易理解。竞争与稀缺性相伴而生，竞争是与生俱来的，竞争总是激烈的，竞争又是需要进行筛选限制的。产权的作用在于对竞争方式进行筛选和限制。产权既为竞争提供激励，又对竞争进行限制：激励人们用这样的方式竞争，限制人们用那样的方式竞争。对竞争方式进行筛选和限制，这就是产权的经济作用。

产权的性质不一样，胜负准则就不一样，人们的行为就不一样，经济表现也就不一样。

判断经济前景非常容易。保护产权，走市场化道路，经济就好；破坏产权，动摇市场的基础，经济就差。只是，破坏产权的手段可能比较隐蔽，需要你具有慧眼才能识别。

在一般人看来，美国是市场经济的代表。但是，只要你学过经济学，就会明白实际情况并非如此。美国对产权的破坏非常严重。高税收、高福利、最低工资法、强大的工会，这些都是对于个人产权的破坏。高税收、高福利不就是一种“大锅饭”嘛。最低工资法、强大的工会必然破坏自由签约权。一位企业家朋友告诉我，他去美国办展览，因为没有工作资质，自己是不能干活的。这倒也能理解，毕竟他是外国人。可是，令他吃惊的是，装卸工不能干展览工的活，展览工又不能干装卸工的活。据张五常教授讲，在美国计件工资是非法的。劳动市场被如此分割、如此管制，这样的经济，怎么可能是市场经济的代表呢？

产权不清晰，就没有市场和市价，也就无法进行经济核算。

可能有人要说：你别骗我了，计划经济中不照样有价格吗？

计划经济中的价格，不是真正的价格，不能反映资源的稀缺程度，不能作为价值的真实度量，叫作影子价格。在计划经济中，商品标价2元，这个商品真的就值2元？在计划经济中，企业账面上盈利，真的就盈利吗？账面上亏损，真的就亏损吗？没有了真正的价格，我们不知道价值是多少，不知道什么叫亏损，什么叫盈利，无法进行经济核算，无法有效配置资源。

这就是计划经济物质极度贫乏的根源。

所以，不要说物质丰裕了，我们就可以不需要市场经济了。恰恰相反，是因为我们搞市场经济，所以物质才丰裕的。正是因为这个原因，我们才确立建设社会主义市场经济的目标。

也不要说大数据时代就可以不需要市场经济了。没有市场，数据就没有经济含义，纵使你拥有世界上最先进的计算机，计算能力强大无比，又有什么意义呢？还是不能有效配置资源。

有人说，世界上有好的市场经济，也有坏的市场经济，好的市场经济产权清晰、法治有保障。然而我要说，严格来讲，产权不清晰、法治没有保障，这样的经济是不能叫市场经济的。市场经济只有真假之分，没有好坏之别。真正的市场经济永远都是好的。

我赞美市场，有人以为我喜欢市场。错，我怎么会喜欢市场呢？我不会喜欢以出价高低来决定胜负。我喜欢以考试成绩来决定胜负。我赞美市场，是因为只有这样，经济才会以“价高者得”作为决定胜负的准则；而只有以“价高者得”作为决定胜负的准则，才不会有租值消散，才可能民富国强。

思考题

社会上常常有人说要鼓励竞争。学习经济学后，你还赞成这样的说法吗？

三、麻烦的公共域

在很多人看来，市场可以解决效率问题，但是不能解决公平问题，因此社会需要二次分配。他们说，市场的初次分配解决效率问题，政府的二次分配解决公平问题。

可是，上述理论的支持者们把公平和平等混为一谈了。

一般来说，平等就是大家都一样。例如收入平等就是大家的收入尽量一样。

可是，起点平等，结果就不能平等；结果平等，起点又不能平等。你要我和奥运冠军刘翔从同一起跑线起跑，那么我们就不可能同时到达终点。你要我和刘翔同一时间到达终点，那么我们又不可能从同一起跑线起跑。人与人天赋不同，运气各异，是不可能在所有方面都平等的。

什么叫公平呢？公平肯定不是平等。让我和马云收入一样，这是公平吗？不是，这是对马云的不公平。让所有人获得一样的收入、住一样的房子、开一样的汽车，这其实是不公平，是对有天赋者的不公平，是对勤劳者的不公平，是违反“按劳分配”原则的。

你可能会说：老师，我说的公平，既不是起点平等，也不是结果平等，而是机会面前人人平等。这个说法听起来似乎有道理，但实际上仍然经不起逻辑的检验。

前面讲过了：资源稀缺必然产生竞争，竞争必然要决出胜负，而不同的胜负准则（游戏规则）下会产生不同的胜利者和失败者。如果用“价高者得”作为胜负准则，那么马云就是亿万富翁，如果用“分高者得”作为胜负准则，那么亿万富翁就是我了。请问什么叫机会面前人人平等？机会面前人人平等有特定含义。在给定的游戏规则下，都遵守这个规则，这就叫机会面前人人平等。可是不要忘了，游戏规则是更重要的选择，这个怎么做到人人平等呢？

公平只能是一个人作出多少贡献便获得多少报酬，舍此没有第二个逻辑自洽的定义了。

那么，如何知道一个人到底做了多少贡献，又该获得多少报酬呢？

这正是市场回答的问题，也只有市场才能回答。离开了市场和市价，我们无法知道一个人作出了多少贡献，又该获得多少报酬。前面讲过，计划经济的困难就在于离开了市场和市价，无法对人的贡献作出客观的评价。总不能劳动时间长贡献就大，也不能流的汗水多贡献就大，更不能晒的太阳多贡献就大吧。一个人炼的钢多，贡献就大吗？你炼出来的钢没人要，怎么是贡献呢？种的粮多，是不是贡献就大呢？也不一定。在上海外滩种粮，你种的越多，对财富的破坏越大。

事实上，如果我们能够找到别的办法来评价人的贡献，那么就不需要市场化改革了。

表面上，市场对穷人不利，实际完全不是。市场没有租值消散，社会因此才能富裕。富裕国家的穷人比贫穷国家的一般人过得还要好。同样是做穷人，你不会选择贫穷国家吧？既然只有市场经济国家才可能富裕，那么又怎么得出市场经济对穷人不利的结论呢？

市场经济严格保护产权，因此只能通过自愿交易来挣钱。这意味着，任何人都只能通过让他人获利来挣钱。不然，为什么要跟你交易。在市场经济中，一个人挣钱越多，帮助他人也越多。市场经济中少数人可以大富，这少部分人反而是大英雄。比尔·盖茨是怎么成为世界首富的？是通过让世界人民享受操作系统的便利。这也正是人们尊敬比尔·盖茨的原因。

无须担心贫富差距扩大，真正应该关心的是，人们是不是通过合法、让他人获益的方式来致富。

而且，贫富差距应该更多地从消费角度来观察。市场经济中马云有千亿美元，而我只有那么一点点钱，看起来贫富差距好大，但从消费的角度看，无非马云吃海参鲍鱼，我吃鸡蛋猪肉；马云坐头等舱，我坐经济舱。虽然我瘦，但是马云也不胖。尽管头等舱舒服些，但是总归我们同时着地。事实上，从受教育程度、人均寿命等指标看，穷人和富人的差距在缩小。在1900年的时候，人均寿命只有39岁，今天人均寿命70岁。过去只有富人能送孩子读书，今天基本上人人都有学上。

现实中有没有两极分化的情况？有，但这不是市场的错，一定是破坏市场的错。

市场不仅有效率，而且还公平。我们以为市场不公平，或者是因为初始产权界定不公平，或者我们错误地以为人人都一样才是公平。但是，产权初始界定不公平不是市场不公平。市场以清晰界定的产权为前提，产权初始界定不公平，怎么能说是市场不公平呢？

在产权清晰界定的私域，不仅效率不是问题，公平也不是问题。在私域，产权主人爱怎么做就怎么做，他人不能干预，公平根本就不应该成为一个话题。

麻烦在于公域。公域是产权无法清晰界定给个人的领域。由于产权无法清晰界定给个人，因此公域中市场机制就无法发挥作用。但这不是市场失灵，而是市场运行的前提条件不满足，因而没有市场存在。没有市场是市场缺失，不是市场失灵。**市场可能缺失，但不会失灵。**

在公域，没有了市场，没有了价格机制，仍然要协调人们的行为，这就需要非市场协调机制。有数之不尽的非市场协调机制，如民主（少数服从多数）、独裁、抓阄、武力，等等，都可能被使用。究竟会使用哪一种，事前无法下定论，要依据具体的约束条件来决定。

还可以肯定的是，各种非市场协调机制或多或少都会存在租值消散。而且，公域的协调机制或多或少都会产生其他不良后果。

以民主为例。民主既是权利，也是权力。既然有你的份，当然是行使自己的权利。但是当你行使民主权利的时候，又会影响到他人，所以民主也是权力。民主只适用于公域，不能应用于私域。而且，民主很难做到责权利相统一。投票只是举手之劳，然而决定的事情可能重大无比，经济学中叫“廉价投票”。所以，我们既不能简单否定民主，也不能无限拔高民主。

在公域，应该用一套科学的办法来制定游戏规则，然后坚持规则面前人人平等。公域复杂，没有简单的解决办法。因此，对待公域，我们就要多一点谨慎和宽容。

思考题

既然人与人不可能在所有方面都平等，那么我们应该选择接受哪方面的不平等呢？

第九讲 | 供求原理

一、需求曲线

问：鸡蛋价格上涨，你会因此而多吃鸡蛋，还是少吃？

答：会因此而少吃。

这说明，商品的需求量受其自身价格的影响。

这里，我们严格定义一下需求量的概念。需求量是指消费者愿意并且能够购买的商品和服务的数量。“愿意”表示主观上有这个需要，“能够”表示具有购买能力，二者缺一不可。

那商品的需求量只受自身价格的影响吗？当然不是。

牛肉价格高了，你会多吃还是少吃鸡蛋？你会多吃鸡蛋。糖的价格高了，你会多喝还是少喝咖啡？你会少喝咖啡。这说明，商品的需求量还受其他商品的价格的影响。

如果一种商品的价格上升（下降），另一种商品的需求量增加（减少），那么我们称这两种商品为替代品。鸡蛋和牛肉就是替代品。如果一种商品的价格上升（下降），另一种商品的需求量减少（增加），那么我们称这两种商品为互补品。咖啡和糖就是互补品。

此外，商品的需求量还受收入水平的影响。如：穷的时候我很少吃鸡蛋，现在则每天一个。

用数学术语来说，就是商品的需求量是自身价格、其他商品的价格以及收入水平等因素的函数，见式9.1。

$$D=F(P, P^{*}, Y, \cdots) \tag{9.1}$$

式9.1中，D是商品的需求量，P是商品自身的价格，P^{*}是其他商品的价格，Y是可支配收入。

这个函数是多元函数。假设自身价格之外的其他因素都不变，那么该商品的需求量就只决定于其自身的价格了。于是，我们得到这个商品的需求量和其自身价格之间的一元函数，见式9.2。

$$D=D(P) \tag{9.2}$$

这个函数刻画的是商品需求量与其价格之间反向变化的关系，即需求定理。

需求定理：如果其他因素不变，那么价格上升，需求量减少；价格下降，需求量增加。

需求定理也可以用图形来表示。习惯上，用横坐标表示需求量，纵坐标表示价格，于是，我们就得到一条向下倾斜的曲线，这条曲线就叫需求曲线。记住，需求曲线向下倾斜（见图9.1）。

阿尔钦和艾伦在《大学经济学》中写道："需求曲线可以有不同的斜率，然而绝对没有任何一段是向上倾斜的。在某个价格范围内，需求曲线可以垂直，那表示在这段价格范围内，需求量不因价格的改变而改变。但只要价格升得足够高，需求量就一定会下降。在较高的价格上，绝对不会有较大的需求量；在整个可能的价格范围内，需求曲线绝对不是垂直的。"

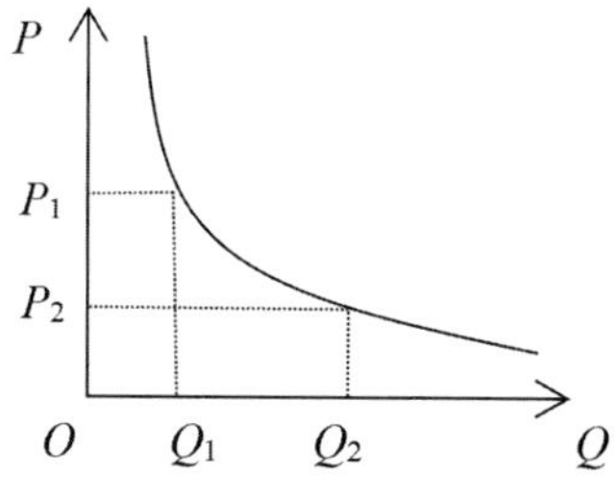

图9.1 需求曲线

你可能在心里嘀咕：老师，你说的不对，需求曲线不一定向下倾斜，也可能向上倾斜。小时候鸡蛋2分钱一个，我爸爸不吃，现在2角钱一个他却天天吃；LV包包，价格高有人买，低了反而没有人买；股市上、房市上，人们“买涨不买跌”。这些不都是证明吗？

需求定理说的是：假如其他因素不变，那么商品的需求量和其价格反向变化。上面的例子是其他因素变化引起的，因此，并不否定需求定理，并不能证明需求曲线可能向上倾斜。

小时候鸡蛋2分钱一个你爸不吃，现在2角钱一个却天天吃，因为收入提高了。

LV包包价格高有人买，价格低反而没有人买，这是因为LV包包是奢侈品，具有炫耀的成分。价格高，炫耀成分就多。炫耀成分多，于是人们买，并不是价格高本身让人们买的。

在第五讲中我讲过：资产价格“涨要涨够，跌要跌透”，一旦形成趋势，短时间很难改变。股票一旦涨起来，形成趋势，人们就会预期还要涨；一旦跌下去，形成趋势，又会预期还要跌。股市中人们“买涨不买跌”，并不是价格高人们买，而是预期股票还要涨，所以才买。

预期是影响需求的重要因素。买进股票的人一定是认为股价会继续上涨才去买，即相对于以后，现在的股价便宜。卖出股票的人一定是认为股价会继续下跌才会卖，即相对于以后，现在的股价已经很贵了。真正使投资者决定买进还是卖出股票的，不是股票现在价格的高低，而是未来会涨还是会跌。追涨行为其实不是追涨，是涨产生了继续上涨的预期，于是人们买入。杀跌行为其实不是杀跌，是跌产生了继续下跌的预期，于是人们卖出。

其他因素不变，商品自身价格变化引起商品需求量沿着需求曲线移动。例如，价格从P_1下降到P_2，需求量沿着需求曲线1从Q_1增加到Q_2。其他因素变化，则是引起整条需求曲线移动。例如，收入提高了，无论鸡蛋的价格处在P_1的高位，还是处在P_2的低位，对鸡蛋的需求量都增加了（见图9.2）。

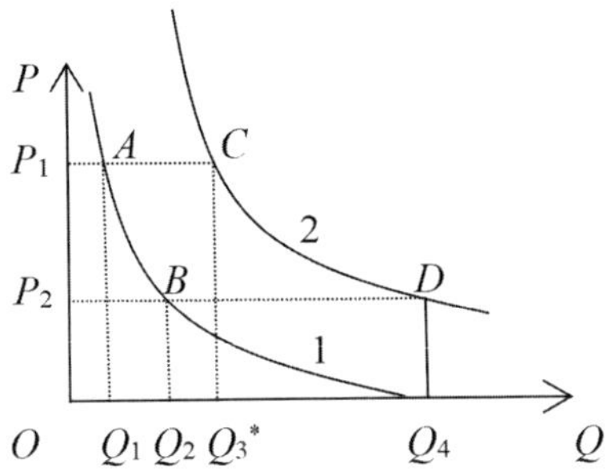

图9.2 需求曲线的移动

假如现在鸡蛋还是2分钱的话，我可能每天吃2个。这时，需求曲线从1的位置移动到2的位置。这是整条需求曲线的移动，也叫需求的变动。为了与此相区别，习惯上，我们把商品自身价格变化引起的需求量沿需求曲线的变动叫作需求量的变动。

考你们一个问题：假如我说，鸡蛋价格上升，鸡蛋的需求减少，对不对？我的收入增加，我对鸡蛋的需求量增加了，对不对？当然是不对的，大家想想为什么不对呢？

这里，我们讨论一下网络效应：对于某些服务型商品，如电话、微信等，需求会随着消费者数量的增加而增加。对于这些服务型商品而言，市场规模越大，对它们的需求也会越大。对于厂商而言，降低价格有两方面的效果：其一，按照需求定理，价跌量升，会有更多的人付费；其二，按照网络效应，当付费的人增加时，他们对服务的需求会进一步增加。

这可以解释在互联网行业存在众多爆发式增长的例子。阿里巴巴、腾讯只用了十多年时间就成为中国市值非常大的公司之一，而拼多多的成长就更快了。互联网时代的财富神话，在传统社会是无法想象的，其背后的根本原因就是网络效应。

美国著名的消费行为研究专家帕可·昂德希尔通过录像发现：大多数北美人进入商店后往右转，而大多数英国和澳大利亚消费者则是往左转；消费者不喜欢货架排列太窄，他们不喜欢别人从后面推挤他们。因此，商店的布局也会影响商品需求。儿童食品应该放在下面或者中间的货架上，以便小孩子能够拿到。在有男人相伴的时候，女人在商店里逗留的时间只有平常的一半。因此他建议在商店的周围放置一些椅子。当女人逛街的时候，男人可以舒适地坐在椅子上等待。

可见，影响商品需求的因素是无法穷尽的。

思考题

请你找一找还有哪些行业具有网络效应，它们都采用了怎样的定价策略？

二、供给曲线及供求定理

供给量指厂商愿意并且能够出售的某种商品或服务的数量。

商品的供给量是该商品的价格、要素的价格以及技术水平等因素的多元函数，见式9.3。

$$S=G(P, P^*, \cdots) \tag{9.3}$$

其中，S是商品的供给量，P是商品的价格，P^*是要素的价格。

假设商品自身价格之外的其他因素都不变，那么该商品的供给量就只决定于自身的价格了。于是，我们得到这个商品的供给量和其自身价格之间的一元函数。

$$S=S(P) \tag{9.4}$$

这个函数刻画的是商品供给量与其价格之间正向变化的关系，即供给定理。

供给定理：如果其他因素不变，那么价格上升，供给量增加；价格下降，供给量减少。

供给定理也可以用图9.3来表示。习惯上，用横坐标表示供给量，纵坐标表示价格，于是，我们就得到一条向上倾斜的曲线，这条曲线就叫供给曲线。记住，供给曲线向上倾斜。

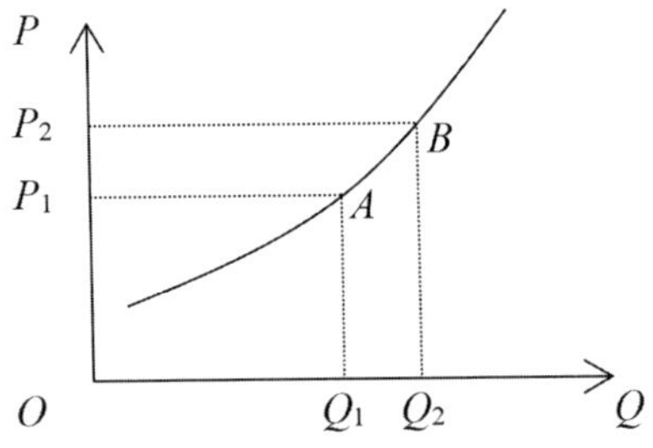

图9.3 供给曲线

你是否又在嘀咕：不对，2020年粮价涨了很多，可是粮食的供给量反而减少了，这说明商品价格和其供给量之间并不一定是正向关系，也就是供给曲线不一定向上倾斜。

注意，我们说供给曲线向上倾斜是有条件的：商品自身价格之外的其他因素不变。可是，2020年其他因素发生了重大变化，发生了世界性的新冠肺炎疫情啊！

若其他因素不变，商品自身价格变化引起商品供给量沿着供给曲线移动。例如，价格从P_1上升到P_2，供给量沿着供给曲线1从Q_1增加到Q_2。其他因素变化，则引起整条供给曲线移动。例如，新冠肺炎疫情前，粮食价格是P_1，疫情发生后，即便粮食价格处在P_2的高位，供给量Q_3仍然低于疫情前的Q_1。这当然不是说价格高，供给量小，而是疫情暴发后，人们居家隔离，无法从事生产，即使价格高，粮食供给量也无法增加。也就是说，由于发生新冠肺炎疫情，无论粮价处在P_1的低位，还是处在P_2的高位，粮食的供给量都减少了。这时，供给曲线从1的位置移动到2的位置。这是整条供给曲线的移动，也叫供给的变动（见图9.4）。为了与此相区别，习惯上，我们把商品自身价格变化引起的供给量沿供给曲线的变动叫作供给量的变动。

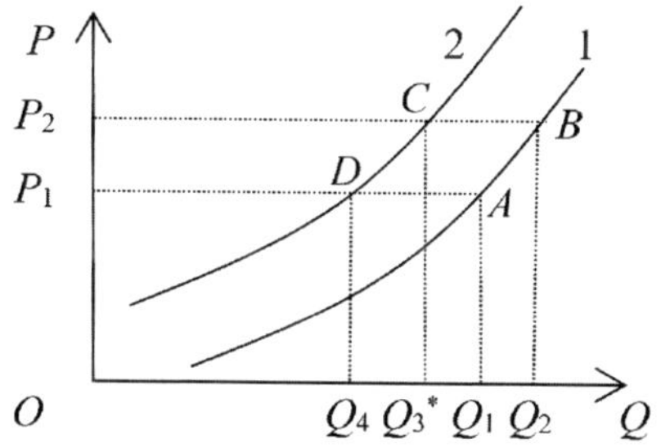

图9.4 供给曲线的移动

再考你们一个问题：假如我说粮食价格上升，粮食的供给增加，对不对？新冠肺炎疫情发生后，粮食的供给量减少了，对不对？当然是不对的，大家想想为什么不对呢？

需求曲线向下倾斜，供给曲线向上倾斜，二者就有了唯一的交点，这个交点就决定了均衡价格和均衡数量，而需求曲线和供给曲线的移动，则决定了均衡价格和均衡数量的变动（见图9.5）。

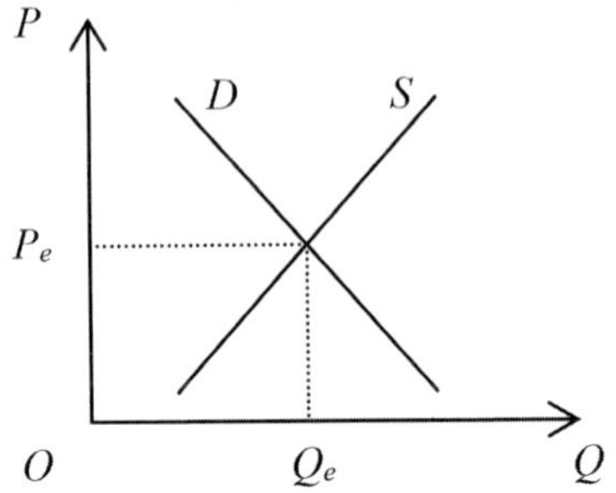

图9.5 均衡价格与均衡数量的变动

如果需求不变，那么供给增加，均衡价格将下降，均衡数量将增加；供给减少，均衡价格将上升，均衡数量将减少。如果供给不变，那么需求增加，均衡价格将上升，均衡数量将增加；需求减少，均衡价格将下降，均衡数量将减少。这被叫作供求定理。图9.6和图9.7分别显示了供给变化和需求变化对于均衡价格和均衡数量的影响。

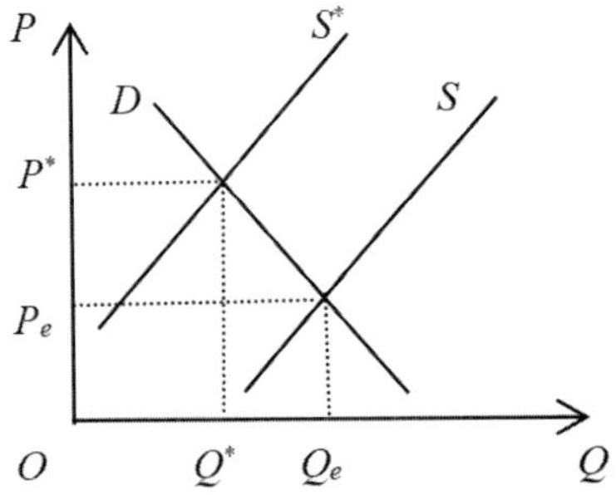

图9.6 供给变化与均衡变化

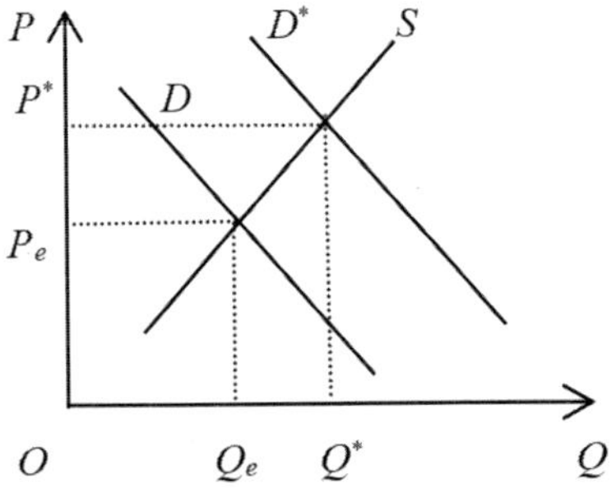

图9.7 需求变化与均衡变化

汶川大地震发生后，自来水遭到破坏，这种情况将如何影响水市场呢？

首先，我们要判断，这个变化的因素是商品自身价格，还是商品自身价格之外的其他因素。显然，汶川大地震属于其他因素，其他因素变化将引起整条曲线移动。这里引起整条供给曲线移动。

接下来，我们要判断，这一因素使供给增加（供给曲线右移）还是减少（供给曲线左移）。

显然，使供给减少（供给曲线左移）。因此地震将使市场上水的价格上升。如图9.8所示，供给曲线从S左移到S^*，水的价格由P_e上升到P^*。

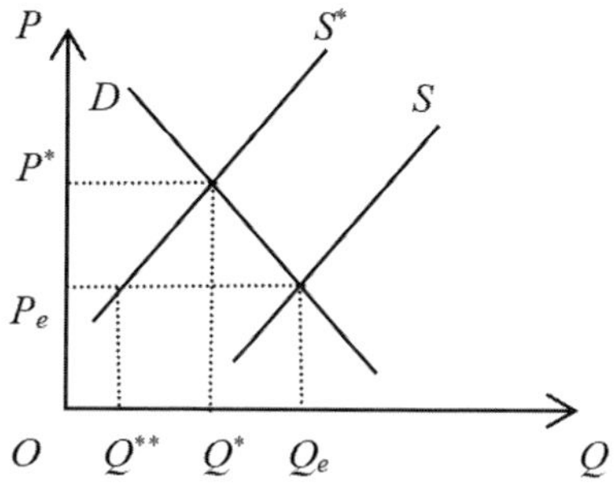

图9.8 地震如何影响水市场

地震后，你口干舌燥，担心自己的孩子会脱水，到处找商店买水，好不容易才找到一家还开着门的商店。店主不乘人之危，地震前一瓶水卖1元，地震后仍然卖1元。可是你无法从他这里买到水，因为水供不应求，已经卖完了。如图9.8，按照地震前的价格，水的需求量是Q_e，可是地震使供给曲线从S移动到了S^*，如果价格还是地震前的1元，那么供给量就只有Q^{**}，需求量和供给量之间就存在Q_e-Q^{**}的缺口，一定有人买不到水，你就是其中之一。

于是，你只能继续找水，终于又找到一家开门营业的商店。这家属于典型的“奸商”，1元一瓶的水涨价到20元。但为了救自己的孩子，你支付了这个价格。

其实，当你去这个商店的时候，有人已经去过了，这个人本来打算买水洗掉脸上的泥土，可是当看到价格涨到20元后就放弃了。如果不是“奸商”涨价，这瓶水早就被人用来洗脸了，你的孩子就不能得救了。结果是，“奸商”通过涨价，把水配置给了急需水的你。

价格从1元上涨到20元，一方面，供给量会沿着供给曲线S^*增加，从Q^{**}增加到Q^*，换句话说，假如不涨价，第二家商店可能就不会开门营业了；另一方面，需求量沿着需求曲线D从Q_e减少到Q^*，也就是，当初本来打算买水洗脸的人放弃买水了。

你看，**价格会调节供求，使得供给量等于需求量，实现市场均衡。**

这就是我们常说的价格机制。如果供给量大于需求量，那么价格就会下降；价格下降，供给量会减少，需求量会增加，供给量就会等于需求量。如果供给量小于需求量，那么价格就会上升；价格上升，供给量会增加，需求量会减少，供给量又会等于需求量。

如图9.9所示，在价格P_A处，供给量为S_A，需求量为D_A，供给量大于需求量，价格就会下降，随着价格下降，需求量沿着需求曲线增加，供给量沿着供给曲线减少，直到价格等于P_e，供给量等于需求量为止。在价格P_B处，供给量为S_B，需求量为D_B，供给量小于需求量，价格又会上升，随着价格上升，需求量沿着需求曲线减少，供给量沿着供给曲线增加，直到价格等于P_e，供给量等于需求量为止。在均衡价格P_e处，供给量等于需求量等于Q_e。

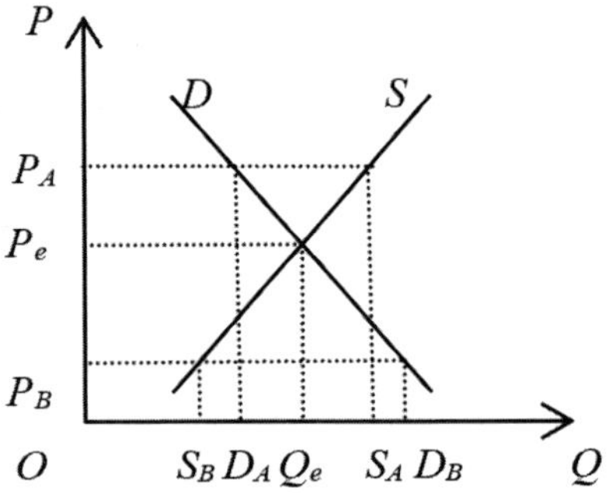

图9.9 马歇尔的“剪刀”模型

司马迁在《史记·货殖列传》中写道：“论其有余不足，则知贵贱。贵上极则反贱，贱下极则反贵。贵出如粪土，贱取如珠玉。”这其实就是对于价格机制的最形象的描述。

上面讨论的就是供求原理的全部内容。供求原理包含两方面的内容：一是其他因素对于均衡价格和均衡数量的影响，二是商品自身价格与其需求量和供给量之间的相互影响。

掌握了供求原理，我们对很多问题的理解就不会停留在直觉层面，而能深入其本质。

例如，20世纪70年代有一本很有影响的书，名叫《增长的极限》，其中预测2003年世界石油储备将被耗尽。这个说法对不对？当然不对。因为当石油数量少到一定程度，价格就会特别高。当价格高到一定程度，人们就会少用甚至不用石油，并且石油替代品也会出现。

结论是什么？只要价格机制能够发挥作用，那么地球上的任何资源永远都是不会被用完的。

思考题

开发商卖房子，发现顶楼的房子有很多没卖出去，这是否说明人们不愿要顶楼的房子？

三、需求越大，价格越低

供求原理是铁律，不可能错。但是，如何运用这一铁律，“高手”与“低手”有天壤之别。你要是教条地认为，需求增加，价格必然上升，那么你就掉进书袋、成为“低手”了。

问：只有一个人购买汽车和有上亿人购买汽车，哪种情况下汽车的价格低？只有一个人吃饭和人人都要吃饭，哪种情况下饭菜的价格便宜？

答案是：后一种情况下价格低、便宜。假如全世界只有一个人购买汽车，那么没有几百万元、上千万元是买不到汽车的。但是上亿人需要汽车，十几万元甚至几万元就可以买回一辆。同样的道理，一个人吃饭，饭菜价格一定贵得惊人；人人都吃饭，十几元就可以把你吃撑着。

问：供求原理不是说需求越大价格越高吗？你这里怎么是需求越大价格越低呢？到底谁对？

答案是：都对。

供求原理讲：假如供给不变，那么需求增加，价格将上升。可是，需求变了，供给可不可能不变？不可能不变。需求越大，可选择的生产方式就越多，最有效率的生产方式就可能被采纳，供给也就变了。假如只有一个人需要汽车，那么只能用锤子敲来制造；上亿人需要汽车，就可以选择用流水线来生产，价格自然就降下来了。别的不说，你去买东西，买得多的话，就可以打折。批发是不是比零售便宜？

这里隐含一个重要的含义，就是人多资源不够用的担忧是多余的。因为人多需求大，最有效率的生产方式可以被选用，这其实是节约了资源。自马尔萨斯以来，一直有人担心资源不能承载人口增加之重，到今天，人口增加何止几十倍，然而人们的生活水平不但没有下降，反而大幅上升，这足以说明这种担忧是多余的。

或许你会说，这不是需求大的结果，而是技术进步的结果。可是需求不够大，技术进步哪里来？倒回去二十年，没有反季节的大棚菜，是因为那时没有生产大棚菜的技术吗？不是，是因为那时候收入水平低，能够吃得起反季节蔬菜的人太少；需求不够大，生产成本降不下来。同样的道理，倒回去二十年，乔布斯的精致化产品未必能够创造商业奇迹，因为那时人们收入不够高，市场需求还不够大。必须有足够的市场厚度，才能够摊薄技术创新的成本。

这里隐含的另一个含义是，**人多不是人均收入低的原因，人多人均收入应该更高才对。**

在计划经济下，人不能尽其才，物不能尽其用，确实会产生人多人均收入低的后果，但在市场经济下这就不是问题了。市场是一种能够把资源配置到最能发挥其作用之处的制度。在市场经济下，人多不仅不是坏事，还是好事。每个人都发挥自己的比较优势，做自己擅长的事情，然后通过市场与他人交换，最终都享受到比自己事必躬亲多得多的产品和服务。

经验上，我们观察到人口密度大的大城市比人口密度相对小的中小城市生活水平高，人口密度相对小的中小城市又比人口密度更低的农村生活水平高，就是这个道理。

另外，对外开放，融入世界大市场，也会促进经济增长、改善生活水平。因为市场越大，面对的需求就越大，就可以采用最有效率的生产方式，就可以摊薄技术创新的成本。

需求定理假定其他因素不变。可是，其他因素不变，价格为什么要变？反过来，既然价格变了，其他因素为什么不变呢？一定会变化的。例如，一种物品和服务的价格变了，其他物品和服务的价格跟着就变了，收入跟着也变了。一种物品的价格变了，其他物品和它之间的相对价格是不是也就变了？即使名义收入没有变，实际收入也在变化。

事实上，所有价格表达的都是物品之间的交换关系，本质上都是相对价格。一斤土豆等于10元，就是可以交换10元东西的意思。既然价格都是相对价格，于是相对两个字就可以省略。

所以，**需求曲线并不是一种真实的存在，它只是经济学家的一种理论抽象。**

由于供给曲线、供求定理也假设了其他因素不变，其背后的道理也是一样的。

假定其他因素不变，考察一个变量对于另一个变量的影响，这个方法就叫局部均衡分析。与此相对应的，就是考虑各种变量的相互作用，这种分析方法就是一般均衡分析。

需求增加，供给不变，价格自然上升。然而，需求增加，供给不可能不变。实际上一切都在变。局部均衡并不是一种真实存在，真实世界里的一切都是一般均衡。如何运用并不真实存在的局部均衡（分析），得出真实世界存在着的一般均衡，才是经济分析的功夫之所在。

大家有没有觉得，这部分内容有些烦琐复杂？那么经济学家们在干什么呢？其实，经济学家无非在分离价格及价格之外的其他因素的影响，最终再合成它们共同作用的一般均衡来。

我在前面强调，要先学会从一个角度看问题。事实上，科学上最难的就是把某个因素的作用分离出来。例如，经济增长是劳动、资本、技术进步共同作用的结果，然而真正困难的是把其中某个因素的作用分离出来，看看它对经济增长到底作了多少贡献。又如，一谈到科学，我们是不是马上联想到实验？而实验的全称是可控实验。控制什么？控制其他变量！所以，做不到控制住其他因素不变，连科学的基本要求都达不到。

总之，尽管现实是各种因素综合作用的结果，但是你不能一上来就要求学生全面、系统看问题。打个不太恰当的比喻，工人好不容易把糖分离出来，制造出干红，你不能加一听雪碧，把糖又搅和回去。

我们只从一个角度看世界，可是现实又是多因素相互作用的结果。大家要好好体会，经济学是怎么处理这个问题的。大家还要好好体会，根据变化的约束条件，运用同一原理可以得出不同的、甚至完全相反的结论。原理没有例外，但是现象可以形形色色。

思考题

需求曲线是一种理论抽象，在真实世界并不存在。那么在生活中观察到的像$Q=10-2P$这样的曲线难道不是需求曲线？这个问题有相当的难度，假如你回答不了，不要着急，认真学习后面的课程就会找到答案。

第十讲 | 税负分担

一、弹性的概念

在分析税负分担之前，我们需要介绍一下弹性的概念。

因变量随着自变量的变化而变化，但是不同因变量对于自变量变化的敏感程度是不一样的。例如，有的商品价格变化一小点，需求量就会变化很多；有的商品，价格变化很多，需求量只变化一小点。弹性就是一个刻画因变量对于自变量变化的敏感程度的指标。

经济学家构造的弹性指标如下：

$$(P/Q)(\Delta Q/\Delta P)$$

弹性等于变化率（斜率）乘以系数P/Q。因为需求量和价格之间总是反向变化的，所以弹性永远是一个负数。由于它永远是负数，我们就不提它是负数，只讲它的绝对值就可以了。[①]

我们以需求曲线$Q=10-2P$为例来说明弹性。在价格最低的A点，弹性为0；在点B，弹性为1；在价格最高的C点，弹性为∞；在A到B之间，弹性小于1；在B到C之间，弹性大于1。同样是价格上升1元，处在需求曲线的不同位置上，弹性就会不一样（见图10.1）。

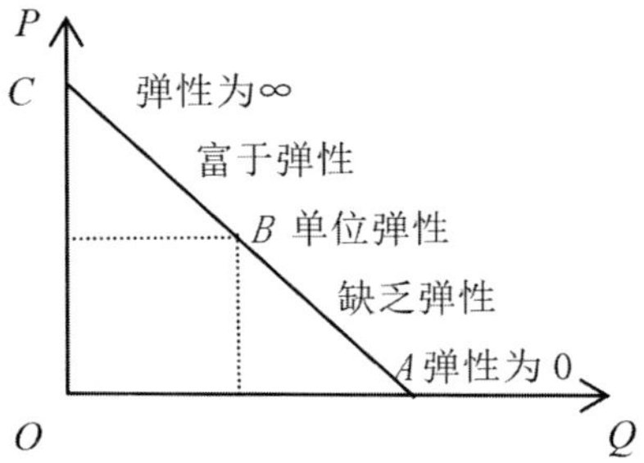

图10.1 位置不同弹性不同

我们经常会这样讲：**曲线越平坦，代表越有弹性；曲线越陡峭，代表越缺乏弹性。**这样讲虽然不太严谨，但大体是可以的。如图10.2，左

---

① 日常生活中，人们已经用变化率来刻画因变量对于自变量变化的敏感程度。所谓变化率，就是因变量增量和自变量增量的比值：

$$\Delta Q/\Delta P$$

变化率越大，说明因变量对于自变量变化的敏感程度越高，反之越低。

已经有了变化率的概念，为什么经济学家还要搞一个弹性的概念呢？先请大家看个例子：涨价1元，鸡蛋的需求量减少1斤，圆珠笔的需求量减少2支，能不能说圆珠笔对价格变化更敏感呢？不能。除了它们的量纲不一样，没法直接比较之外，是在怎样的基础上涨价1元，也是大有差异的。是在1元基础上涨价1元呢，还是在10元基础上涨价1元，价格的变化程度存在天壤之别，因此是不能直接比较的。

经济学是研究选择的学问，并且多数时候是不同事物之间的比较，因此经济学不能直接用变化率这个概念来刻画因变量对于自变量变化的敏感程度。这就是构造弹性概念的原因。

经济学构造的这个变量，一要消除掉量纲，二要能够反映是在怎样的基础上的变化，就是说，要能够反映是在1元基础上涨价1元呢，还是在10元基础上涨价1元。

那么怎样构造这样一个变量呢？是不是因变量的相对变化除以自变量的相对变化？

$$(\Delta Q/Q)/(\Delta P/P)$$

这个就是弹性。等价变化一下，就是需求量关于价格的变化率乘以系数P/Q。乘上这个系数，就既消除了量纲，又表达了价格是在怎样的基础上变化。

做研究是“摸着石头过河”，但是文章常常是把问题弄清楚后“倒着”写出来的，于是文章就不能不“倒着读”。所谓“倒着读”，就是还原到原始的研究过程中去读。我是回到原始状态，看看当时面对的问题是什么，用什么办法解决这个问题，通过还原这个概念的原始构造逻辑，来讲述这个概念。

图的需求曲线平坦，右图的需求曲线陡峭，同样的价格变化，左边需求量发生很大的变化，右边需求量则只发生很小的变化。

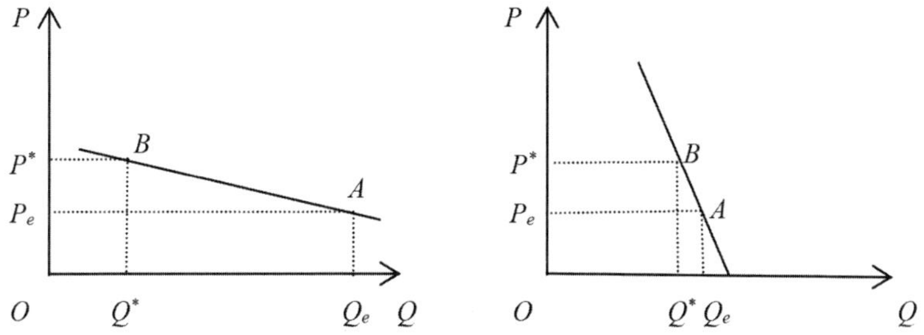

图10.2 需求曲线陡峭程度与弹性

关于供给弹性，可以进行类比，这里就不详细讨论了。

我们引入几个概念。如果弹性小于1，就叫缺乏弹性；如果弹性等于1，就叫单位弹性；如果弹性大于1，就叫富于弹性。弹性小于1的商品叫必需品；弹性大于1的商品叫奢侈品。

同样一条需求曲线，随着价格的不同，它的弹性就会发生变化。当价格高的时候，弹性大于1，也就是说，这时候这种商品是奢侈品；当价格低的时候，弹性小于1，也就是说，这时候这种商品是必需品。这说明，同样一种商品，它究竟是奢侈品还是必需品，取决于价格的高低。

一说到奢侈品、必需品，有人就认为，有的商品天生就是奢侈品，有的则天生就是必需品。实际上并不是这样。例如，一般认为地铁是必需品，因为没有地铁就没法上班。2008年北京奥运会以后，地铁长期实行统一的票价，不论你跑多远，都是两元。按照必需品的概念，调价过后，需求量应该不会有大的变化。但实际情况如何呢？2014年12月9日恢复按路段收费，当天地铁的乘客数在不同的时段、不同的路段分别下降了9%、15%，甚至20%。这说明，地铁需求量对于地铁票价仍然是敏感的。又如，我们今天认为出租车是一种必需品，但30年前出租车肯定是奢侈品，一般人是坐不起的。那时出租车司机只在国际宾馆门口趴活，乘客主要是外宾。随着收入水平提升，出租车才变成我们上下班的重要交通工具。

图10.1也表明，同一商品，在不同的价格水平上，既可以是必需品，也可以是奢侈品。

那么弹性由什么决定呢？

替代选择是决定弹性的一个重要因素。一般来说，替代选择越多，弹性越高；替代选择越少，弹性越低。收入水平也是决定弹性的一个因素。收入水平越高，对价格变化就越不敏感；收入水平越低，对价格变化就越敏感。弹性还与得到商品的急切程度有关系。越是急于得到，弹性越低；越是不急于得到，弹性越高。

短期里，替代选择少，弹性就小；长期中，替代选择多，弹性就大。例如，我要去上课，下楼后才知道出租车司机罢工，不好打车，司机要加价，这个时候我没有别的选择，只能接受司机加价。但是，如果长期这样，我就要考虑是不是自己开车去上班了，或者选择早起坐公交车，出租车司机再加价，我就不接受了。

生活中有“刚需”一词，说房子是“刚需”、教育是“刚需”、医疗是“刚需”，就是价格变化了，可是需求量不变。也就是说，需求完全没有弹性。数学上当然可以轻松地画一条“刚需”需求曲线，画条垂直的需求曲线就是了（见图10.3）。但是，在真实世界这条垂直的需求曲线真的存在吗？

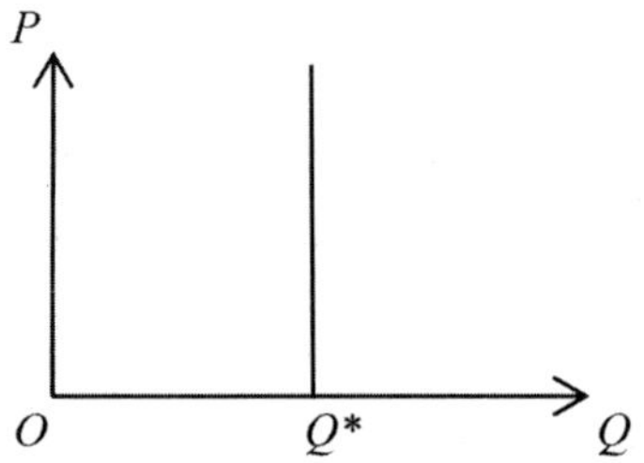

图10.3 “刚需”与垂直的需求曲线

食盐是最接近“刚需”的商品了，可即便是食盐，也有替代选择：可以选择吃精致的价格高的井盐，也可以选择吃品质差些价格稍低的海盐。小时候听老人们讲，用土办法也能熬盐，只是熬制的盐品质更差罢了。再退一步讲，这些办法都没有，是不是就没有替代选择了呢？不是。知道牛为什么老用舌头舔鼻子上的汗水吗？据说是为了重新吸收通过汗液排出的盐分。那么假如没有别的办法，人会不会像牛那样，用舔食自己汗液的办法来补充盐分呢？说得再极端一些，不吃盐，早死，是否也是一种选择呢？

有人喜欢说生命无价，但是以经济学的视角来看，就没有无价的稀缺资源。你到医院去看病，医生说1000元可以治好你的病，你不会犹豫，马上掏钱。医生说1万元可以治好你的病，你可能也不会犹豫。但假如医生说100万元可以治好你的病，你可能就要犹豫了。你会问：医生，我的病治好了能管多久啊？假如医生说不会复发了，你可能会掏这100万元。但假如医生说只能管半年，恐怕很多人都会选择放弃治疗，而把这100万元留给儿女。

有人说，房子是“刚需”，可是，改革开放前上海一家人挤在十几平方米的房子内，那个时候怎么没有“刚需”，怎么现在房子就成“刚需”了？很多人认为，救命药的需求应该完全没有弹性，属于“刚需”，毕竟，患者如果不吃药就可能会死。然而研究发现，心血管病药物的需求弹性为0.4，抗感染药物的需求弹性为0.9，抗溃疡药物的需求弹性为0.7。可见，救命药物的需求虽然缺乏弹性，但并非完全没有弹性。所以“刚需”这个词是不存在的。

思考题

选择越多，弹性越大；收入越高，弹性越大。你能否举例子进行说明？

二、税负由谁承担

问：政府开征商品销售税，这个税负是由生产者负担，还是由消费者负担？如果是双方共同负担的话，那么谁负担的多、谁负担的少？政府要求企业缴纳“五险一金”，这个钱是由员工出呢，还是由老板出？如果是双方共同出的话，那么谁出的多、谁出的少？

这一节，我们就用供求原理和弹性概念来回答这个问题。

为简单起见，我们假设政府向生产者征税，并且征收的是从量税，即按每一件商品征收一个固定数额的税收。假设每一件商品征收t元税收，相当于对商品加价t元，供给曲线向上移动t的距离。

先看第一组图，需求曲线弹性一样，供给曲线弹性不一样。左边的图，供给曲线平缓，因此弹性高；右边的图，供给曲线陡峭，因此弹性低（见图10.4）。

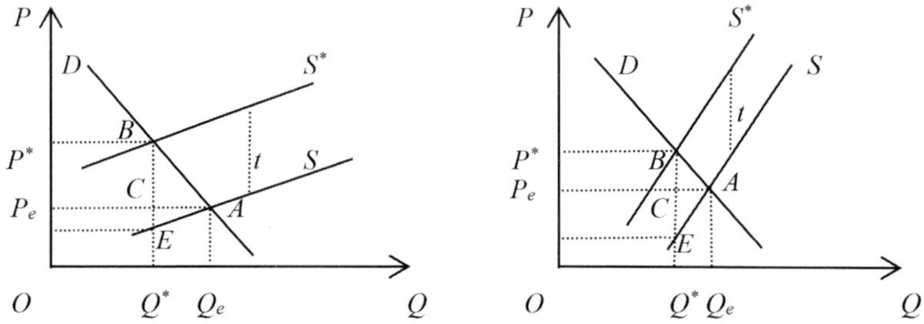

图10.4 供给弹性与税负分担

征税后，供给曲线S向上移动t的距离变成S^*，市场的均衡交易量则由Q_e变成Q^*，均衡价格由P_e变成P^*。从图10.4中可以看出，因为征税，消费者多支付了，生产者少收入了。征税前，消费者支付P_e，生产者获得P_e；征税后，消费者支付P^*，生产者获得P^*-t。征税后，消费者多支付了BC一段，生产者少收入了CE一段，消费者多支付的和生产者少收入的，加总起来正好等于税额t。

如10.4左图所示，消费者多支付的BC段大于生产者少收入的CE段。如10.4右图所示，消费者多支付的BC段小于生产者少收入的CE段。这就是说，供给越有弹性，消费者负担的越多，生产者负担的越少；供给越缺乏弹性，消费者负担的越少，生产者负担的越多。

现在看第二组图，供给曲线弹性一样，需求曲线弹性不一样。左边的图，需求曲线平缓，因此弹性高；右边的图，需求曲线陡峭，因此弹性低（见图10.5）。

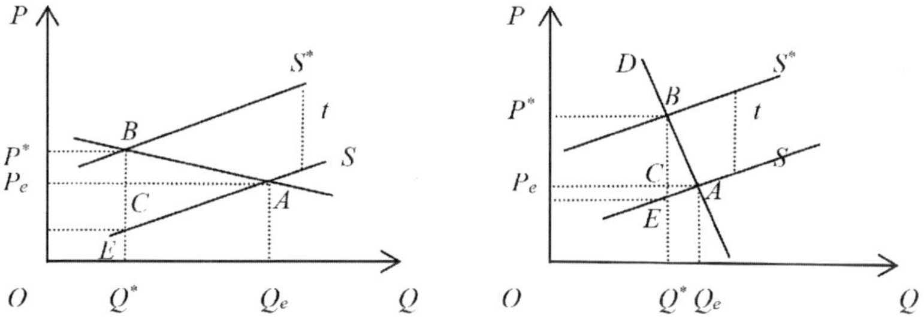

图10.5 需求弹性与税负分担

征税后，供给曲线S向上移动t的距离变成了S^*，市场的均衡交易量由Q_e变成Q^*，均衡价格由P_e变成P^*。从图10.5中可以看出，由于征税，消费者多支付了，生产者少收入了。征税前，消费者支付P_e，生产者获得P_e；征税后，消费者支付P^*，生产者获得P^*-t。征税后，消费者多支付了BC一段，生产者少收入了CE一段，消费者多支付的和生产者少收入的，加总起来正好等于税额t。

如10.5左图所示，消费者多支付的BC段小于生产者少收入的CE段。如10.5右图所示，消费者多支付的BC段大于生产者少收入的CE段。这就是说，需求越有弹性，消费者负担的越少，生产者负担的越多；需求越缺乏弹性，消费者负担的越多，生产者负担的越少。

所以，即便是向生产者征税，这个税收也是由生产者和消费者共同负担。事实上，**向交易关系中的任何一方征税，都是在向双方征税。**而双方各自负担税负的多少，则完全决定于需求曲线和供给曲线的弹性大小。

“五险一金”无论是只由工人缴纳，还是只由老板缴纳，都是由劳资双方共同负担的。

没有学过经济学的朋友会这样想：即使不征收“五险一金”，企业也不会给我这些钱；征收呢，不管怎么说我能得到一些，似乎“五险一金”只是企业在负担。而学过经济学后你就会明白：取消“五险一金”后，企业的利润会增加，就会有更多的人去做企业，在位厂商也会扩大生产，对劳动的需求会增加，工资就会增加。因此，“五险一金”是由双方负担的。

那么谁负担的多呢？谁弹性低，谁负担的就多；谁弹性高，谁负担的就少。

越富有替代选择，弹性越高；越缺乏替代选择，弹性越低。因此，谁富有替代选择，谁负担的就少；谁缺乏替代选择，谁负担的就多。

弹性还与你对商品的急切程度有关系。越是急于得到商品，弹性越低；越是不急于得到，弹性越高。因此，谁急于得到商品，谁负担的就多；谁不急于得到商品，谁负担的就少。

太阳底下没有新鲜事。前面讲过，科斯定理讲的无非是：交易关系中的双方，你的成本也是我的成本，你的收益也是我的收益，当然，我的成本也是你的成本，我的收益也是你的收益。税负分担讲：在交易关系中，对你征税也是对我征税，对我征税也是对你征税，向交易关系中的任何一方征税，都是在向双方征税。科斯定理讲的道理，其实在税负转移问题中已经讲清楚。科斯的真正贡献在于提醒我们关注约束条件：在什么条件下，上述说法是成立的；在什么条件下，上述说法不成立。

现在，我们来评价美国前总统特朗普的减税政策。特朗普和其他总统的做法有所不同，他大规模给企业减税，将企业所得税从35%减到15%。因为企业一般是富人经营的，因此特朗普的减税政策也被很多人批评为给富人减税。学了经济学后，你认为这个批评对吗？

对交易关系中的任何一方征税，都是对双方征税。自然，**对交易关系中的任何一方减税，也都是对双方减税。**这跟减少“五险一金”的道理是一样的。

由于对交易关系中的任何一方征税，都是对双方征税，这就意味着，被征收方可以将一部分税负转移给对方。如果不深入思考，就会疑惑：既然可以将一部分税负转移给对方，那么为什么不主动提高价格呢？

其实，经济学的税负转移跟我们日常理解的不一样。所谓税负转移，不是简单地将其转移给对方，否则，卖方为什么不自己加价，而要等政府征税的时候才被动加价？正确的说法是：因为征税，需求曲线向左移动，均衡交易量减少了，虽然含税的价格上涨了，但是扣除了税负，买卖双方都受损了。这其实不是一种主动的转移，而是一种被动的分担。

思考题

有人可能会问：你讲的都是劳资和谐，那么有没有劳资对立的一面？如果有，造成对立的原因是什么？

三、房产税能够降房价吗

很多人支持房产税，认为房产税能够降房价。对吗？

下面我们就用供求原理来做一个简单的分析。

房产税是向购买者征收的持有税。虽然和一般的税并没有本质区别，但分析要稍做调整。

房产税会增加持有房子的代价，这等于降低了房子的价值，因此对房子的需求会减少。假设税额为t，这就相当于需求曲线从D移动到D^*。相应地，均衡交易量由Q_e变为Q^*，均衡价格由P_e变为P^*（见图10.6）。

你会不会说：对呀，你看房产税就是使得房价下降了。

表面上，房产税使得房价下降了，这和前面讲的税收使得价格上升的一般原理相矛盾。但实际上并不矛盾。前面的税是交易税，在交易环节征收，前面的价格P^*是含税的价格。而房产税是持有税，交易后才征收，这里的价格P^*是不含税的价格。如图10.6所示，如果把税额t加进来，那么价格就变为P_t了，还是高于没有房产税时的均衡价格P_e。

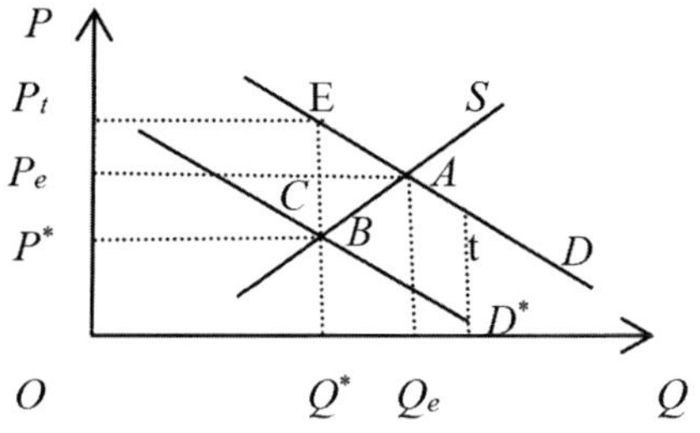

图10.6 持有税与均衡价格

有人认为，房产税会使炒房客抛售手中的房子，这会增加房子供给，从而降低房价。

是啊，房产税使房子价值下降，炒房客当然要抢在房产税开征前抛售，这怎么会不增加房子供给呢？但经济不能这么来分析，因为人是智慧生物，能预见未来，并提前作出反应。

举个例子。假设你所在的城市有个三江汇合口，在这个汇合口有一个小岛，小岛是你们城市风景最美的地方。开发商在这个岛上分两期开发房子，第一期1000套，第二期1000套，5年后上市。请问：在买第一期房子的时候，你会认为岛上房子的供给只有1000套吗？

当然不会！即使第一期只有1000套，你也会按照2000套来出价，因为房子不是一次性消费品，你今年买了，5年后开发商的第二期房子上市时，会影响你的房子的价格。

假设市场上正在交易流通的有1000套房子，炒房客手中囤了1000套。炒房客囤的这1000套，跟开发商第二期的1000套有什么本质区别吗？完全没有啊！

所以，尽管炒房客手中的房子还没有上市交易，但也是市场供给。潜在的供给也是供给。不征房产税，房子供给量等于在售的1000套加炒房客囤的1000套；征收房产税，房子供给量等于在售的2000套加炒房客囤的0套。房产税的确会让炒房客抛售房子，但是，这只是影响在售和待售房子的比例，并不影响在售和待售加总在一起的总供给量，而决定房子价格的是在售和待售加总在一起的总供给量，因此，房产税怎么可能降房价呢？

房产税使房子价值减少，买房者势必要减少出价。例如，假设征收20万元房产税，那么对于征税前100万元的房子，买房者就只愿意出80万元购买了。看得见的是，房价的确降了，从100万元降到80万元。但是，买房者真的只花了80万元吗？那20万元的税，也是他购买房子的代价啊！买房者购买房子的真实代价（价格）仍然是100万元。

事实上，如果房产税认房不认人，按照单位面积征收，对炒房客征税，买房者买到手上也要征税，那么，房产税就只是减少了房子的价值，与跟谁持有这房子没有任何关系。

当然，你可能会说：房子在炒房客手上要征收房产税，但是买房者买到手上不征，即，房产税不是按单位面积征收，低于一定的面积，比如人均面积低于60平方米不征收，在这种情况下，炒房客抛售房子，该能让买房者享受到额外的好处了吧。

果真房子在买房者手中不征税的话，那么对于买房者来说，那100万元的房子就还值100万元，降1万元，就有人抢着去买。竞争之下，房子的价格还会接近100万元。

房产税是税收，它能降低不含税的房价，但是不能降低含税的房价。而如果征收房产税后含税的房价真的降低了，那么一定是房地产市场本来就供过于求，房价本来就要下跌。

如图10.6所示，对于向购买者征收的持有税，还是像一般原理所讲的那样在买卖双方之间分担。和没有房产税的情况相比较，购买者多支付了*CE*的部分，出售者少收入了*BC*的部分。

即便交易后才向购买者征收的税，也会由购买者和售卖者双方分担。

为什么交易后才向购买者征收的税会影响售卖者的收益呢？这就是预期的作用。预期到买房后要征收房产税，房子的价值要被税款抵扣，房子的需求就会下降，房价就会下跌，售卖者的收益就会减少。注意，跌的是不含税的房价，含税的房价是涨的。

为了进一步提高我们运用供求原理的能力，我来分析一下“租售同权”对于房价的影响。

所谓“租售同权”，就是租房户和购房户一样拥有按片区享受义务教育的权利。这被很多人解读为降房价的政策。理由是：学区房之所以贵，是因为其附带了稀缺的教育资源。很多人买房是为了孩子上学，既然不用买房就可以享受优质教育，那何必买房呢？

有个问题：一墙之隔，商品房比小产权房贵很多，原因是什么？不是小产权房不含土地出让金，房价跟地价没有关系，成本不影响价格。只要允许小产权房上市流通，其价格一夜之间就会和商品房持平。小产权房之所以不值钱，是因为它的用途受到了人为的限制。用经济学的术语来说，就是小产权房的产权受到了人为的限制，所以才叫小产权房。

这也告诉我们，放松管制是快捷有效的致富手段。

学区房呢，过去只有拥有学区房，才能上学区所在的户口，享受所在学区的教育资源；现在，在学区租房子定居就可以享受所在学区的教育资源。这是不是扩大了学区房的选择集？是不是提高了学区房的自由度？不讲什么深奥的大道理，试问：是你们的班花更漂亮，还是校花更漂亮？无疑校花更漂亮。集合越大，选择范围越大，最大值越大。让学区房有更大的选择集，只会提高学区房的价值，怎么可能降低学区房的价格呢？

“租售同权”只会抬高房价，不会降低房价。我们苦于高房价，但不能说凡是房价上涨都不好，要看什么原因导致的房价上涨。像“租售同权”这样扩大房子的选择集导致的房价上涨就是好事。

问：“租售同权”减少对优质教育资源的需求了吗？增加优质教育资源的供给了吗？都没有啊！因此优质教育资源的价值不变。

再问：优质教育资源是不是还要依附在房子上来分配呢？不管你是自己买房子还是租房子，都得是教育资源片区，因此“租售同权”并没有改变教育资源依附在房子上来分配的现状。那么又凭什么能够降低房价呢？

事实上，过去有人没有能力买房，因而放弃竞争优质教育资源，现在租房也可以参与竞争优质教育资源了，这只会增加优质教育资源的需求，增加房租。房租增加，房价涨不涨？

或许，有为了上学而选择买房的人现在选择不买房而租房了，但是一定会有更多的不需要上学的人也来买房，用来出租。学区房的需求只会增加，不会减少，降房价从何说起？

经济学就这么简单，要降低学区房的价格，只有增加优质教育资源的供给，减少其需求。“租售同权”政策既没有增加优质教育资源的供给，又没有减少其需求，怎么能降低学区房的价格呢？

思考题

很多问题稍微转化一下就可以用供求原理来分析，你能否用供求原理再分析一个问题？

第十一讲 | 价格管制

一、价格是什么

亚当·斯密曾问：水是维持生命的基础，没有水，生命就无法维持，然而水的价格却非常低；钻石对于人的生命来说几乎没有什么用处，可是钻石却十分昂贵。这是为什么呢？

今天很多人都知道这个问题的答案，但在当年，这是一个难题。

要正确回答这个问题，需要用到前面讲过的边际概念。

注意，边际是增量，但又不仅仅是增量，还强调是在怎样的存量基础上的增量。如前所述，饥肠辘辘，第一个包子就是边际，已经吃了一个后，第二个包子就是边际……

一模一样的包子，饿着肚子和已经吃下5个，两种情况下你对它的评价是不一样的。你饥肠辘辘，买了一盘包子，狼吞虎咽吃下第一个，简直是最美味的东西。第二个也格外香。第三个就不如第二个香了。一直下去，到第九个的时候，吃撑着了，不想再吃了。

所以，包子的效用不只是决定于包子本身，还决定于这个包子处在怎样的边际上。

边际效用是递减的。一种东西存量越多，你对边际上那一单位的评价就越低。

价格是人们对于边际产品的评价，或者说是边际产品的价值。

第一，这个评价是主观评价。经济学坚持的是主观价值论。

虽然价值是主观的，但是对于同一商品，由于不同的人面对的是相同的市场价格，因此他们的边际评价是一样的。

不同的人对同一商品的边际评价怎么可能一样呢？你喜欢吃苹果，我喜欢吃梨，我俩对苹果和梨的边际评价怎么可能一样呢？

答案是，我们是靠调整存量数量来实现边际评价一样的。

你喜欢吃苹果，会多吃苹果，我喜欢吃梨，会多吃梨，边际效用递减，最终，我们对于苹果和梨的边际评价是一样的。如表11.1所示，你对第一个苹果的评价是6元，对第二个苹果的评价是5元，对第三个苹果的评价是4元，对第四个苹果的评价是2元；我对第一个苹果的评价是5元，对第二个苹果的评价是4元，对第三个苹果的评价是2元。你吃4个苹果，我吃3个苹果，我们吃的数量不一样，但边际评价是一样的。都是2元。梨的道理一样。

表11.1　　　　你我对苹果和梨的边际评价　　　　单位：元

		第一个	第二个	第三个	第四个	第五个
你	苹果	6	5	4	2	
	梨	3	2	1		
我	苹果	5	4	2		
	梨	8	7	6	4	1

也许你会吃惊，你富有，我贫穷，你是女生，我是男生，然而我们对物品的边际评价是一样的。是的，所有人的边际评价都是一样的。这个一样的边际评价，就是这种产品的市场价格。

不要人为干预价格。干预了价格，所有人都要调整自己的行为，调整成本就太大了。

第二，价格低只是表明边际评价不高，并不意味着对这个东西的整体评价不高。

我俩面对相同的苹果价格，是不是说我俩对苹果的评价就一样呢？不是。我俩对苹果的边际评价一样，但整体评价不一样。你更喜欢苹果，所以你多吃苹果；我更喜欢梨，我就多吃梨。

价格是边际产品的价值，而边际和存量相联系，于是价格就成为稀缺性的度量。

现在我们可以回答钻石和水的“悖论”了。水是维持生命的基础，而没有钻石，并不影响生活，为什么钻石贵、水便宜呢？答案是，价格只是对物品的边际评价，并不反映物品整体的重要性。钻石比水贵，只能说钻石比水稀缺。

请问：假如钻石和水一样多，会是钻石贵还是水贵？在沙漠里，你要钻石还是要水？

一名教师一年挣10万元，而一个篮球运动员一年挣100万元，这是不是说篮球运动比教育更重要呢？不是。这只是表明，一名教师所必须具备的才能与技巧，比起一名职业运动员所必须具备的才能与技巧更为普遍。事实上，任意50个高中教师突然辞职，对教育的影响无足轻重，但任意50个NBA球员突然退出，那么联盟就需要多年才能恢复元气。

当听到有人哀叹：教师的收入只是职业球员收入的零头，比起体育运动，难道国家不应该更加重视教育吗？你应该怎样回答他呢？你应该说：这正是国家重视的结果！国家重视，教育就普及，教育的供给就充裕，从而价格就不高。重视不是体现在价格上，价格反映物品的稀缺性，而非重要性。论重要性，必需品肯定比奢侈品重要。但价格高的东西，一般都不是必需品，也就是说没那么重要。

曾经看到一个在网上流传甚广的视频。一位村妇拿起烧火棍三下五除二就画出一个逼真的人物头像，可为什么她还是一位村妇？马老师非常一般的两个字却能卖几百万元，又是为什么？大家有没有感慨：这市场定价也不合理啊！

其实，这恰恰是市场合理定价的例子。价格是人们对于边际产品的评价，是对稀缺性的度量。名人的画虽然质量不高，但名人稀缺。村妇的画虽然好，但能画出这样画的人并不少。君不见，《中国好声音》《笑傲江湖》《星光大道》《非同凡响》《中国达人秀》《超级女声》等选秀节目有多火。节目火的背后一定是报名参演的人非常多。这充分说明，才艺高手实在太多了。

再说了，给马老师50万元，他不会轻易给你写字。但是，如果价钱合适，村妇会不睡觉不停地画，画会源源不断供给出来。

经纪人就深谙价格之道，当介绍张五常教授书法作品的时候，他会说这是著名经济学家和摄影家的书法作品，当介绍他的摄影作品的时候，又会说是著名经济学家和书法家的摄影作品。这些例子告诉我们，既可以通过把作品本身做好来增加稀缺性、提高价格，也可以通过在作品之外下功夫来增加稀缺性、提高价格。

考大家一个问题：一幅字画，经过名人收藏以后其价值会不会增加？

最后介绍一下消费者剩余和生产者剩余两个概念。由于边际效用是递减的，购买了10个苹果，你对第一个苹果的评价最高，依次递减，对第十个苹果的评价最低，可是价格等于边际产品的价值，即由对第十个苹果的评价来决定，所以前面9个苹果，你实际支付的价格都低于你意愿支付的价格，你获得了一笔剩余。全部剩余之和就是消费者剩余。

如图11.1所示，对应每个需求量，你愿意支付位于需求曲线之上的价格，可是你实际是按照均衡价格P_e支付的。学过微积分的朋友都知道，你获得的消费者剩余是三角形ACP_e的面积。

生产者剩余可以类似给出。对应每一个供给量，你愿意按照供给曲线上的价格出售产品，可是你实际是按照均衡价格P_e出售的。你获得的生产者剩余就是三角形AP_eB的面积。

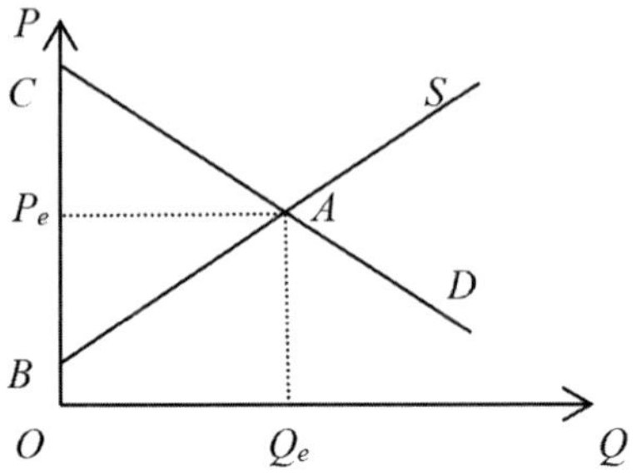

图11.1 消费者剩余和生产者剩余

有人讲等价交换，实际上没有等价交换这回事儿。一定要说等价交换，那也只可能发生在边际上。卖方总是希望卖得更贵，买方总是希望买得更便宜，这是人之常情，那怎样的价钱才是公平交易？同学们能自己给出答案吗？

思考题

学习了这一节课内容之后，对你在产品定价和营销方面有什么启示？

二、非货币价格替代

在讲供求原理的时候，我们讲过：价格会调节供求，使得供给量等于需求量，实现市场均衡。

那么，假如价格被管制，偏离了均衡水平，会产生什么后果呢？

例如，如图11.2所示，人为把价格控制在低于市场均衡的P^*水平。在这个价格水平上，需求量是D^*，供给量是S^*，需求量大于供给量，就存在D^*-S^*的缺口，我们称其为“短缺”。

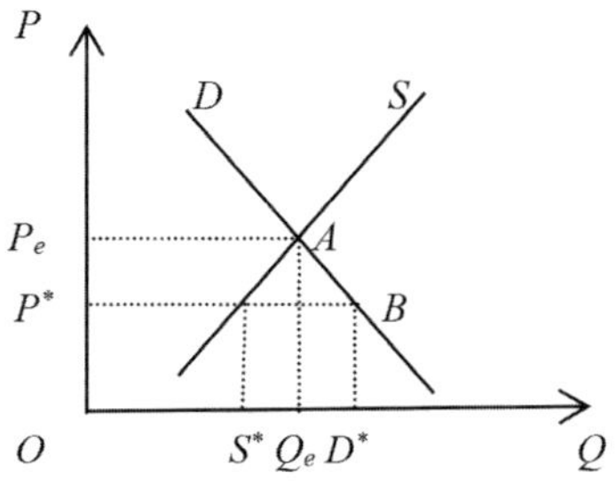

图11.2 短缺

在管制价格P^*下，既然存在短缺，就意味着不可能每个人都得到商品。那么大家想想，会发生什么情况呢？排队购买、托关系购买等情况是不是就会出现？例如，当火车票价被管制在低于均衡价格的水平，这样的情况就会出现。

那么请问：排队的时间、托关系的人情是不是乘火车的代价？当然是。这个代价，我们叫非货币价格。相应地，我们把火车票的票面价格叫名义价格。货币价格（名义价格）和非货币价格之和才是你乘火车的真实代价。这个真实代价，我们称其为实际价格。

又如，如图11.3所示，人为把价格控制在高于市场均衡的P^*水平。在这个价格水平上，需求量是D^*，供给量是S^*，供给量大于需求量，就存在S^*-D^*的缺口，我们称其为“过剩”。

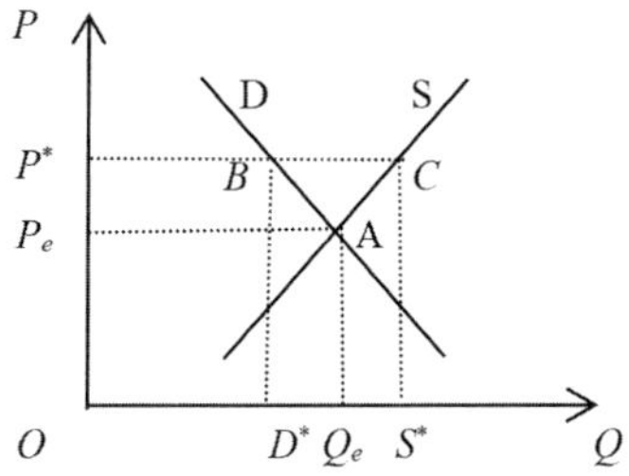

图11.3 过剩

例如，政府推行油品保护价，人为把油价拔高到P^*，它高于市场均衡价P_e。在管制价格P^*下，供给量大于需求量，汽油会积压，加油站就会用赠送礼品的方式促销。你去加油的时候，有没有遇到过加油站送纸巾、水等礼品的情况？这些纸巾、水也是非货币价格。

当货币价格被管制之后，就会出现非货币价格对于货币价格的替代。

第八讲讲过，在非货币价格之下，或多或少都会发生租值消散。例如，通过排队分配火车票，排队的时间对整个社会没有任何好处，因此是一种租值消散。又如，假如将汽油价格直接降下来，省下的钱你可以买纸巾和水，但是你没有买。这意味着，你本来有更好的选择，可是不让选，这当然是一种损失。因此，用赠送纸巾、水等物品的方式降价也是一种租值消散。

价格管制导致非货币价格对于货币价格的替代，产生租值消散，因此我们反对价格管制。

第九讲讲过，供求关系决定价格。那么供求关系决定的是名义价格还是实际价格？是实际价格。供求关系不变，实际价格就不会变。人为可以改变名义价格，但是改变不了实际价格。**你把货币价格压低，那么非货币价格就会上升；你把货币价格抬高，那么非货币价格就会下降，最终实际价格不变。**你把火车票价压低，那么排队的时间就会延长。你把汽油价格抬高，那么送纸巾、水等情况就会发生，最终消费者支付的实际代价没有减少，商家得到的实际收入也没有增加。

价格管制的危害不难理解，购买者用货币价格支付，货币会转化成售卖者的收入，可是用排队等非货币价格支付，这些非货币价格却不能转化成售卖者的收入。然而，为什么主流经济学家并没有旗帜鲜明地反对管制？原因在于，他们喜欢高度抽象，不喜欢关注真实世界。例如，他们喜欢数学模型，只有抽象的成本、价格，很少明确区分货币成本、非货币成本，货币价格、非货币价格。所以，科斯一针见血指出，主流经济学是黑板经济学。

问个问题：把非货币价格加到货币价格（名义价格）之上，在这个加总的实际价格之下，供给量和需求量会不会相等呢？也就是说，还有没有所谓的“短缺”“过剩”之说呢？

第九讲还讲过：价格的功能之一是调节供求，使得供给量等于需求量，实现市场均衡。既然人为只能控制名义价格，控制不了实际价格，因此价格调节供求的机制就在发挥作用，那么又怎么会有“短缺”“过剩”之说呢？即使把货币价格固定，非货币价格也会作出调整，直到供给量等于需求量，实现市场均衡为止。

你把价格管制在均衡价格之下，当然会看到排队购买、托关系购买，然而，如果我们将排队购买、托关系购买理解为“短缺”，那就是浅见了。你把价格管制在均衡价格之上，当然会看到积压滞销、赠送促销，然而，如果我们将积压滞销、赠送促销理解为“过剩”，那就太表面了。

深刻的、正确的看法是：排队购买、托关系购买，积压滞销、赠送促销，都是非货币价格，这恰恰是非货币价格在调节供求。通过这个非货币价格的调整，在货币价格和非货币价格加总后的实际价格之下，供给量和需求量一定相等，“短缺”“过剩”之说无从说起。

“短缺”“过剩”是什么意思？就是价格不能发挥调节作用了！可是人为管住了货币价格，却管不住非货币价格，又怎么能说价格不能发挥调节作用呢？你看到排队购买是短缺，看到积压滞销是过剩，但在我看来，这是非货币价格，是非货币价格在调节供求，使得供求相等。

我在前面讲过，要学会换个角度看问题。换个角度，“过剩”和“短缺”就不存在了。

你可能会说：老师，你这是在玩逻辑游戏。这的确是游戏，但又是重要的游戏。这个游戏告诉我们，如果你考虑的是实际价格，那么就没有“短缺”和“过剩”这回事了。

可以这样说，如果不理解这个问题，那么在汇率问题上就会“失之毫厘，谬以千里”。

汇率也是价格，因此就有名义汇率和实际汇率之分。重要的是实际汇率而不是名义汇率。即便名义汇率被人为固定，也不意味着实际汇率就固定了。即使存在人为干预人民币汇率的情况，长期来看，并不意味着人民币实际汇率就低估了。所以，当年我在辽宁大学任教时敢在博士生面试的时候问：随机决定人民币对美元名义汇率，经济还能不能实现均衡？所以，在2011年人民币对美元七连跌停的时候，我敢在《南都评论》上发表文章，讲人民币对美元还会继续升值；所以，我敢在2014年人民币如日中天的时候，讲未来人民币一定会贬值。

试想：假如人民币汇率真的存在严重低估，又怎么可能转眼进入贬值通道？

长期中，实际汇率一定是均衡的，但是大多数国际经济学家不会这样看。这个问题比较复杂，我们后面再详细讲。

思考题

价格管制会导致租值消散，数量管制会不会导致租值消散？请举例分析一下。

三、公地悲剧：张五常的贡献

一块草地，如果产权不清，那么我一定要多放一只羊，因为多放羊的收益由我独享，而对于草场造成的伤害由大家分担。大家见我多放，也会跟着多放。可是我不会多放一只，而会多放一群。看见我多放一群，大家会不会也跟着多放一群呢？其结果是草场沙化，本来很有价值的一块草地，因为被过度利用，变得寸草不生了。

产权不清，资源就会被过度使用，租值就会消散殆尽，这就叫公地悲剧。

典型的例子是公海捕鱼。因为公海产权不清晰，人们就会过度捕鱼，导致很多鱼数量不足，甚至濒临灭绝。一些陆地野生动物，如野生大象，也因为产权不清晰而发生公地悲剧。的黎波里草原的气候和土壤适合种植价值更高的银杏树，但因为草原是公共财产，没有人种银杏树，而是把草原改为价值更低的牧场，于是土地应有的价值就大幅度下降了。在美国，土地是私有的，但是地下深处的石油等资源却不是，于是石油公司就拼命开采石油，即使把它开采出来放在露天也在所不惜。据估计，1910年，美国加利福尼亚因将石油存放在露天地里而引起的火灾和挥发，所造成的损失就达该州生产量的5.11%。这些都是公地悲剧的例子。

但是，如果你只知道产权不清会导致租值消散，却不知道经济社会一定会内生出一些办法来减少租值消散，那么就是浅见。人类要生存，就不能听凭租值消散殆尽，必定会想方设法减少租值消散。**约束下利益最大化公理意味着，消散了的租值一定是约束下最小的消散。**

产权不清，就会有论资排辈、等级制等制度来协助权利界定。

这就是传统计划经济下要搞论资排辈的原因。在政府和国有企业里要论科级、处级、局级、省部级，但在私企里就没有人论。做过办公室主任的人都知道，给领导排位是一件出不得半点差错的事。单位里有那么多的领导，怎么排位？这真是一门很难的学问。但是人们有办法，办法就是按领导任职时间的先后来排位。所以你会发现，这几年管教学的院长排在管科研的院长前面，过两年换了人，管科研的院长又排在了管教学的院长前面。

不要简单批评论资排辈是特权。因为既不用财产权来界定资源的使用，也不用等级制等制度来界定资源的使用，那么租值就会消散殆尽，公地悲剧就会发生，人类就不能生存。

一个有趣的现象是，今天的小孩可以直呼父母的名字，但是在我小的时候，直呼我姐的名字都要挨打。吃饭的时候，谁坐上位，谁先动筷子，都是有讲究的。为什么呢？因为过去是大家族一起生活，假如权利界定不清，就会闹出很多矛盾。电视剧《大宅门》中老爷子在世时是不是不能分家的？今天是小三口过日子，孩子当然可以爱怎么叫就怎么叫。中国古代实行的是家庭所有制，而不是严格的私有制，这是理解中国文化的重要基点。

价格管制的实质是把一部分有主收入变成了无主收入。如图11.4所示，本来价格是P_e，属于资产主人的合法收入，可是因为管制，成了P^*，于是P_e–P^*的部分变成了无主资产。

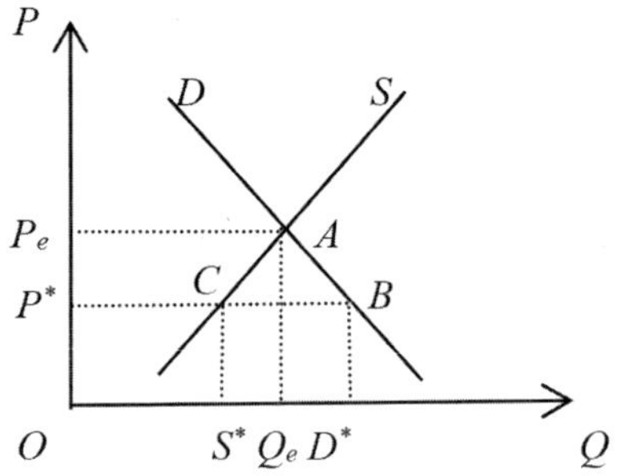

图11.4 价格管制产生无主收入

当价格机制被限制，非价格机制就会出现，就会导致租值消散。例如，在价格管制下“黄牛”可能产生。“黄牛”的存在使人们没必要再排队了，就可以把排队的时间拿去创造财富。因此我们说，“黄牛”的存在减少了租值消散。

政府推行最低工资法，用意是提高工人的工资。但提高了吗？没有。企业不是福利组织，你得创造800元价值，企业才可能给你800元工资。如图11.5所示，没有最低工资法，就业人数是Q_e，实施最低工资法之后，就业人数就只有D^*了。表面上看，工人的工资提高了。实际上，这是通过淘汰低生产率工人来实现的。看得见的，是在岗工人的货币工资提高了；看不见的，是一部分工人失业了。从整个社会来看，因为实施最低工资法，福利水平降低了。

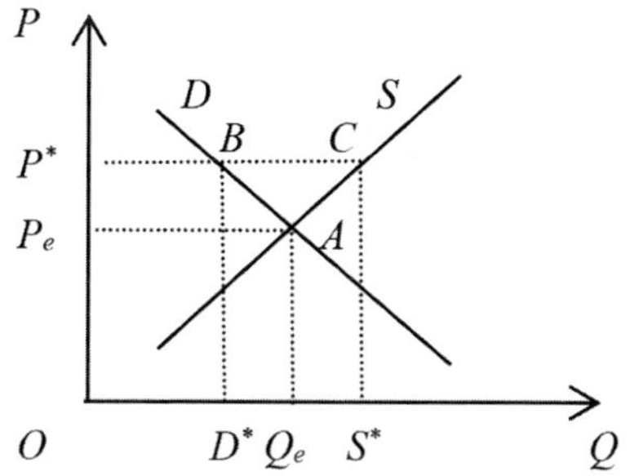

图11.5 最低工资法降低社会福利

但是，假如可以给老板送礼（正常情况下不需要），就相当于变相打破了最低工资的约束，那么一部分生产率低于P^*元的人就能找到工作，就业人数将大于D^*，反而减少了租值消散。这告诉我们：一些表面上不合理的做法，在特定条件下其实是合理的。[①]

设定公共财产使用的限制条件，如对公款设置严格的使用条件和审批程序；对公海捕鱼进行限制，如通过执照或许可证限制捕鱼人数，规定渔网网孔大小，设置禁渔期；颁布法令禁止捕杀野生动物，如野生动物保护法；等等。这些都是避免租值消散的手段。

我并没有一味地反对政府管制。**在权利界定清晰的私域搞管制，就是在人为制造无主资产，必然导致租值消散和公地悲剧。**但是，**对于权利没有清晰界定的公域，管制可能是一种必要的避免租值消散的手段。**当然，政府管制不是公域治理的唯一手段。

在中国，政府对国有企业进行了各式各样的干预，实际上也是为了减少租值消散。

原理说，产权不清，租值必然消散。实际上租值又不可能消散殆尽。但这能够否定公地悲剧的原理吗？不能。租值之所以没有消散殆尽，恰恰是因为人们想方设法对产权做了某种界定。

---

① 一方面我认为最低工资法不好，另一方面我又理解甚至支持搞最低工资。这是因为，绝大多数人没有学习过经济学，他们仅仅根据字面意思，以为最低工资法真的能够提高工资水平，保障劳动者的利益。当绝大多数人都认为应该推行最低工资的时候，政策制定者就不得不搞；否则，就会招致社会成员的普遍不满，政治成本就会上升。因此，我们不应该直接反对最低工资法，而应该普及经济学，改变人们的认知。认知改变了，行为自然就会变。

2009年的女诺奖得主奥斯特罗姆经过无数调查，得出结论，公地并不一定悲剧。这算什么研究啊！张五常在1974年发表的《价格管制理论》一文中早就明确指出：产权不清，租值必然消散，但是约束下利益最大化公理意味着，人们一定会想方设法避免租值消散，换言之，经济中的租值消散是约束下最小的消散。这是张五常对租值消散定理的重大发展。

张五常改变了我们看世界的方式。很多过去我们认为不合理的现象，现在有了新的理解，原来它们是避免租值消散的手段。以寻租为例，现在我们就不会简单否定它了。在私域中管制，寻租其实是避免租值消散的手段。所以，有错的不是寻租，而是管制。但我们又不反对公域中的管制，公域中的管制可能恰恰是避免租值消散的手段。

思考题

阅读吴思老师的《潜规则》一书，并回答为什么古今中外公务员都搞论资排辈？

第十二讲 | 企业理论

一、为什么是资本雇用劳动

生活中，主要是资本雇用劳动，这是为什么呢？

其实雇用关系也是一种交易关系、契约关系。但雇用契约和一般的商品买卖契约不同。一般的商品买卖会将有关事项尽可能清楚地写出来。例如，你去买一套设备，设备的品质、性能、价格、交货方式、维修等事项，会尽可能地在契约中写得清清楚楚。然而雇用契约不一样，偏偏要留下一些事项不做清晰界定。例如，你去应聘一个办公室职位，雇用契约会规定，你每天什么时间上班、下班，一个月上多少天班，工资多少，要不要加班，但是，每天起草什么文件、接待什么人等，事先并不做清晰的约定。

前一种契约叫完全契约，后一种叫不完全契约。在不完全契约中，没有清晰界定的事项的决定权叫剩余控制权。企业总收入减去固定支出后的部分叫剩余收入。因为企业总收入是不确定的，因此剩余收入也是不确定的。有权获得剩余收入的人拥有剩余索取权。

怎么确保拥有者好好使用手中的剩余控制权呢？一个办法是，让拥有剩余控制权的人获得剩余收入，反正支付了固定支出，剩下的才是拥有剩余控制权的人的收入。有剩余，就有你的收入，没有剩余，就没有你的收入。这样，你就不能不好好使用了。这就是说，**剩余控制权和剩余索取权要尽可能地匹配给同一个人。**

一般来说，我们把拥有剩余控制权和剩余索取权的人叫老板，把拿固定工资的人叫雇员。这就构成了雇用关系。老板拥有剩余控制权，合同虽没有明确约定他说了算，但他拿剩余收入，要承担经营风险，有利润他才有收入，没有利润，他就没有收入；雇员听从老板指挥，但他不需要承担风险，即便企业亏损，雇员的工资不能少。

剩余控制权和剩余索取权应该尽可能地配置给同一个人。但是，到底谁应该做老板，谁应该做雇员，这个问题我们还没有给出答案。

假设，要两人合作才能进行生产，并且需要一个人在阳光下工作，另一个人在黑暗中工作。请问：假如你是那个在阳光下工作的人，你觉得应该把剩余权利交给谁，即让谁当老板？

不知你怎么想，但假如我是阳光下工作的那位，你是黑暗中工作的那位，那么我会要求只拿固定工资，把剩余权利给你，听从你的调度安排。道理不难理解：如果权利配置反过来，黑暗中工作的你拿固定工资，阳光下工作的我得剩余，那么你偷懒我怎么办？

这就是我们老板选择的第一个原则：**其工作越难以监督，越应该赋予其剩余权利。**

再假设，要两人合作才能进行生产，但其中一个人的工作非常重要，另一个人的不那么重要，那么剩余权利应该怎样安排呢？朋友，想一想，假如我俩合作生产产品，我的工作十分重要，对产出有决定性的影响，你的工作相对次要一些，在这种情况下，让你来选择，把剩余权利交给我好呢，还是交给你好？一般来说，要**把剩余权利交给工作非常重要的人，而让工作相对不重要的人领取固定工资、当雇员。**这就是老板选择的第二个原则。

问个问题：到饭店吃饭，你是弱者，还是饭店是弱者？你是弱者。因为如果老板不同意，你少给饭店1分钱都不行，但是饭店少给你一点，或者食材差一些，你可能无法发现。

那怎么办？我们得优先保护弱者，否则就没有人愿意交易了，最终双方都受损。因此，我们强调“顾客是上帝”。不强调顾客是上帝，不优先保护顾客，谁还敢去吃饭？“顾客是上帝”并不意味着顾客就高人一等，其实是对弱势方的一种保护，目的是促进交易，保护的是交易双方的利益。

在劳动和资本的合作过程中，谁是弱者，更容易受到伤害？

劳动是主动资产，带在身上，高兴了多出一点力，不高兴了少出一点，实在不满意了还可以选择离开。而资本是被动资产，一旦投入后就难以收回了。如果工人不好好干活，老板就会亏本。出租车司机开着出租车，可以小心翼翼地开过坑洼地方，也可以横冲直撞过去，老板很难监督。劳资关系中，资本是弱者，更容易受到伤害。

得优先保护容易受伤害的资本一方，否则以后谁还愿意投资生产呢？保护的办法就是资本雇用劳动，让资方拥有雇用和解雇的生杀大权。资本雇用劳动背后反映的其实是资本相对于劳动弱势的地位。

这就是老板选择的第三个原则：**谁更容易受到伤害，谁更应该获得剩余权利。**

事情完全不像表面看上去的那样。别看老板拥有雇用和解雇的生杀大权，似乎很强势，实际上雇员是强者，老板是弱者。资本雇用劳动是一种保护弱势资本方的手段。

总结起来就是，工作越重要，越难以监督，越容易受到伤害，就越应该获得剩余权利，也就是越应该当老板、成为雇用者；反之，工作越不重要，越容易监督，越不容易受到伤害，就越应该拿固定工资、成为雇员。雇用与被雇用的关系，完全是当事双方自由选择的结果。

生活中，广泛存在的是资本雇用劳动，但是这并不是必然结果，也不是唯一的结果。

如果合作双方的重要性相当，监督难度相当，容易受伤害的程度也相当，那么就不会选择雇用和被雇用的关系，而会选择共同拥有剩余权利，也就是既共同当老板，又共同当雇员。这就是合伙制企业。律师事务所、会计师事务所一般都选择合伙人制度。

如果和资本相比较，劳动更重要，更难以监督，更容易受到伤害，那么就会让劳动方拥有剩余权利、当老板，即出现劳动雇用资本的情况。今天网红经济很热，围绕网红产生的公司，一般来说剩余权利是归网红所有的，也就是网红在当老板。

当然，现实世界比理论抽象要复杂得多，权利、义务会根据具体情况作出复杂的匹配。但是不管权利、义务怎样匹配，其中的逻辑、原理是不会变的。

最后，我们给出一个企业所有权的概念。我们知道产品的所有权，但企业不是产品，企业是合作各方确立的一种契约关系，或者说组织形态。企业的所有权是什么呢？企业的所有权体现在剩余索取权和剩余控制权上，谁拥有这两种权利，谁就拥有企业。

思考题

请分析一下你所了解的某家企业的契约关系，并解释为什么会表现为这样的契约关系。

二、企业家精神及其前提条件

新自由主义经济学家奈特在其1921年出版的《风险、不确定性与利润》一书中认为，**企业家是在不确定性下对利润机会进行判断并承担相应风险的人。**

没有判断，就不需要承担不确定性风险，从而也就不是企业家。企业家在不确定性下对利润机会进行判断，假如判断可以直接交易，那么他可以通过卖出判断来获利。然而判断难以直接交易。

为什么判断难以直接交易呢？一个很重要的原因是，判断无法像技术一样申请专利保护，也没法像其他知识产品一样通过版权等方式来提供保护。

知识的定价就够困难了。知识这种东西，别人没有看过、不了解，不知其价值之所在，自然不会出价购买；而一旦看过了、了解了，也就不需要再出价购买了。这就是我们常说的知识直接定价的难题。所以我们的社会发明了专利、版权等制度来协助知识定价。

企业家的判断比一般知识更难定价。这是因为：首先，每一个判断都是独特的，没有可供参考的借鉴；其次，判断是一个过程，不是一锤子买卖，随着事情的不断进展，企业家会修正、调整他的判断。所有这些因素决定了，企业家的判断难以定价。

企业家关于利润机会的判断难以在市场上直接定价交易，那怎么办呢？办法是，企业家融资办企业，雇用工人和其他要素生产产品和服务。在此过程中，工人获得工资，地主获得地租，银行获得利息，企业家则获得利润。这个利润就是企业家才能的报酬。每一个企业，都是一部关于知识和才能的间接定价机制——**企业是一种对于企业家才能的间接定价机制。**

企业这个定价机制有一个很重要的属性，就是要求企业家在企业里面押上自己的资产。企业家的判断之所以没法在市场上直接交易，根本原因是风险太高。只有承担风险的判断，才是认真的判断。假如企业家仅仅做判断，不建立企业，那么他无法获得利润。假如企业家仅仅建立企业，但不押上自己的资产，不承担风险，那么他还不是真正的企业家。

把资产押上去，建立企业，获得利润，才是企业家。企业家的判断，牵涉企业家独特知识的利用，它不仅是一个新想法，更是资产的新组合。企业家与投入资产是密不可分的。拿生产性资源去赌自己的判断，才是企业家，相应的活动才体现企业家精神。

举个例子。大自然中有鸡蛋，有西红柿，但不等于有西红柿炒鸡蛋。土地、劳动、资本等要素好比是鸡蛋和西红柿，企业家就是厨师。没有厨师，鸡蛋只能是鸡蛋，西红柿只能是西红柿，产生不了西红柿炒鸡蛋。但是，如果西红柿炒鸡蛋只是停留在想象的层面，那么这个厨师不是企业家，只是一位幻想家；如果这个厨师动手做出了一盘西红柿炒鸡蛋，他还不是企业家，还只是一位进行了新发明的科学家；只有这个厨师租房子、买餐具、置桌椅板凳，开餐馆，把西红柿炒鸡蛋卖出去，赚钱了，他才可能是企业家。注意，如果他自己没有投资下注，不承担相应的风险，那么他还是一个替人家烧菜、打工的厨师。

就是说，只有西红柿炒鸡蛋这个新想法还不是企业家，能把西红柿炒鸡蛋做出来也不是企业家，有新想法，能变成现实，还得自己下注承担风险，并且实现了盈利，这才是企业家。不在企业中投入自己的资产，就不能承担自己判断的风险，再有能力都只能算打工仔。

企业家在企业中投入的资产，其绝对值大小并不是关键，关键是企业家因此而承担的风险大小：为了自己的判断，赌上自己的前途，义无反顾地做企业，这也是在企业中押上自己资产。

如果不在企业中投入自己的资产，不承担自己判断的风险，就不可能成为企业家。因此，企业家是个人财产的产物。没有个人财产，就没有企业家。

企业是一种对于企业家才能的间接定价机制，因此企业是企业家的企业，企业的核心是企业家，企业的灵魂是企业家。没有企业家，哪有企业，有的充其量不过是工厂、作坊罢了。

企业是企业家的企业，这其实很好理解。因为不管企业经营得好坏，工资不能少、地租不能少、银行利息不能少，风险完全由企业家承担。不谈风险就声称有自己的份，该承担风险的时候却没人承担，这是不可以的。1990年，美国宾夕法尼亚州议会通过“36号法案”。该法案要求公司对全部利益相关者负责。保护全部利益相关者的利益，这多么冠冕堂皇，像电影《看上去很美》的名字，可是实际后果怎样呢？研究表明，该项法案的颁布不仅使大批公司退出宾州，还导致在该州注册的上市公司的股价平均下降了4%，不但没有真正对利益相关者提供保护，反而影响了地区就业和政府税收。

在爱迪生之前，其实电已经被发现了。但这只是科学发现，并不意味着就产生了财富。科学发现并不创造财富的例子比比皆是。爱迪生把电商业化，赚了钱，这才产生了财富。

企业家的活动就是创造利润、生产财富的活动。没有这样的活动，经济就很难快速增长。计划经济下，有土地、有矿藏、有劳动，为什么就是没有经济增长？市场经济下，土地还是那些土地，矿藏还是那些矿藏，人还是那些人，为什么就有了经济快速增长？一个很重要的原因，因为计划经济否定个人财产、没有企业家，而市场经济承认个人财产、有企业家。

既然企业家精神是发现利润机会并获得它的能力，那么一个社会是贫穷还是富裕，很大程度上取决于是否有保护这一精神的土壤。这也告诉我们发展经济、改善民生之关键。

企业家看起来很风光，实际却很不容易。科学家因为一篇论文、一个实验可以终生是伟大的科学家，歌唱家因为一首歌可以终生是杰出的歌唱家，唯独企业家，纵然前面成功了一千次一万次，但最后一次失败了，他就不再是企业家了。企业家必须终生奋斗。

思考题

官员也做判断，官员的判断和企业家的判断相比，有什么根本上的不同呢？

三、企业因何而存在

上一节讲过，因为企业家的判断难以通过市场直接交易，于是企业家就融资办企业，雇用工人及其他要素生产产品和服务。在此过程中，工人获得工资，地主获得地租，银行获得利息，企业家则获得利润。利润是企业家才能的报酬。企业是企业家才能的间接定价机制。

但是，这个理论并没有告诉我们企业这个组织形态的更多细节。

举个例子。有人发现了办一所新商科大学的机会，可他无法通过直接出售这个想法获利，于是他融资自己办大学。但是，他并不一定要采用现有的模式办学，他可以通过在市场上直接购买教学服务来办学。例如，需要讲“经济学通识”，他就在市场上直接购买我的服务，具体讲什么内容、什么时间讲、讲多长时间、达到怎样的效果等，完全可以只讲一次，只谈一次，只签一次协议。当然，他也可以购买我的劳动要素，一次就签下三年，这三年中我领取固定工资，在工作时间完全听从他的调遣安排。

两种模式都可以实现办学目的，那为什么他选择购买我的劳动要素这样一种模式呢？

答案是：两种模式各有各的交易费用，有时候第二种模式的交易费用相对低。

在第一种模式下，每次都要找交易对手、确定价格、签订并执行协议，这些都是需要费用的。有时候，临时找一位讲课老师并不容易，而确定质量标准和交易价格则更加困难。假如交易频率高，反复做同样的事就是不必要的浪费。而且，假如教学中需要一些特殊技能，由于是短期合约，作为老师，他就不愿意投资，他怕投资后老板不用他、投资得不到应有回报；作为老板，同样也不愿意培训这位老师，他担心老师学成之后会为竞争对手服务。

在第二种模式下，不再用市场交易的办法来配置资源，而是通过老板和管理层的行政指令来配置资源。这时候，老师变成给老板打工的人。这虽然没有了第一种方式下的弊端，但是又产生新的问题：给他人干活，不可能像给自己干活那么尽心尽力，经济学中叫代理成本。如果学校的行政层级多，代理成本就会显著上升。而且，行政组织本身也需要运行成本。

当第二种模式的交易费用相对于第一种模式低的时候，企业就产生了。

科斯说，企业是对于市场的替代。张五常最初认为，企业是用要素市场替代产品市场，继而又得出更加一般化的结论：企业是用一种合约替代另一种合约，即用一个长期合约替代多个短期合约，用不完全的雇用合约替代相对完全的市场交易合约。

科斯把使用市场的费用叫交易费用，而把使用企业的费用叫管理费用。其实，管理费用也是交易费用，是另一种类型的交易费用。但为了表述方便，我们不妨仍然沿用科斯的叫法。

我们看到，企业的存在是为了节约交易费用。而为了节约交易费用，需要支付另一种类型的交易费用，即管理费用。天下没有免费的午餐，我们是用费用节约费用。

这也意味着，如果技术变化，市场交易的费用下降了，又会发生市场替代企业。

例如，通信技术的普及使得人们可以远距离及时沟通信息，便利的交通使得人们可以聘请远地的人员为自己服务。于是，学校就可以用市场交易的办法来组织教学。我曾长期给浙江大学继续教育学院、上海交通大学继续教育学院讲培训课，这些培训机构掌握很多教师资源，他们非常清楚每个老师能讲什么课、是否受学员欢迎，当需要开课的时候，提前一周到半个月跟老师约课就可以了。这就是完全用市场交易的方法在办学。

今天，我们之所以一定要到校园内接受教育，很重要的一点是同学与老师、同学与同学之间的互动无法被替代。但是，随着5G时代到来、虚拟现实广泛普及，这种互动也可以通过网络在虚拟空间进行，那么大学这样的组织形态是不是也会随之而发生改变呢？

商业社会并不是静止不变的。当社会环境发生变化后，企业利用市场的交易费用和内部的组织管理成本也会发生变化，于是企业的组织架构甚至商业模式就必须跟着调整。

以美国为例。一个世纪以前，农村人口占绝大多数，当时兴起了邮寄购物。和市场高度分割的小商店相比，以邮寄为特色的购物公司给消费者提供了更加多样化的选择和更低的价格，邮寄公司在这段时间内发展壮大，沃德公司和西尔斯公司就是其中的代表。

随着城市化逐步兴起，在城市中心形成了大型百货公司，这些百货公司不仅商品种类繁多，还能给消费者提供多样化的购物体验。随着城市人口规模不断增长，这些百货公司取代邮寄公司成为零售业巨头。在这一转变过程中，彭尼百货就成为其中的代表。

随着汽车和冰箱的日益普及，建造在交通便利并且停车方便的地方（如郊区）的大型超市开始兴起，并且逐渐取代百货公司成为零售业的主体。例如，沃尔玛就是其中的代表。

近20年来，移动互联网和手机的普及使得网络购物逐步兴起，并给传统的百货公司和超市带来很大的冲击。在这一转变过程中，亚马逊又成为其中的代表。

中国改革开放40多年走过了美国100多年才走完的路，从20世纪80年代初的邮寄商品，到90年代城市百货商店和大型购物超市的兴起，再到21世纪初以淘宝和京东等为代表的网购企业的快速发展，相关的零售企业也在兴衰存亡之间快速地转换着。

总而言之，环境变了，条件变了，企业的组织架构甚至商业模式等也要跟着改变。所有的成功者，无不顺应了时代的潮流。那些不能适应社会环境变化的企业，最终必然会被市场竞争所淘汰。

思考题

请同学们设想：5G时代的企业组织形态和商业模式会发生哪些变化？

第十三讲 | 生产理论

一、边际产量递减规律

边际产量递减规律是：如果保持其他要素投入不变，不断增加一种要素投入，总产量会增加，但是或迟或早，产量之增量，也就是该要素的边际产量会越来越小。

这里考虑只有土地和劳动两种要素的情况。假设土地固定不变，不断增加劳动，那么到一定时候，新增劳动所增加的产量会越来越少。例如，一亩田，一个人种可以产粮500斤，两个人种可以产粮800斤，三个人种就只能产粮1000斤了。第一个人增产500斤，第二个人增产300斤，第三个人增产200斤。继续增加人手，总产量不但不增加，甚至要减少。例如，达到一万个人，那么总产量将不增反减，甚至为零，因为秧苗早已被人踩坏了。

诚如张五常所言：这个规律是铁律。不妨用反证法来给出证明。假如这个规律不成立，那么就可以用一平方公里的土地，通过不断增加劳动力、肥料、水分，种出可以供应全世界的粮食。这事可能吗？不可能的。因此边际产量递减规律就是正确的。

又如，建造一所小房子，一个人需要十天，那么两个人需要多少天？你会不会答五天？一个人十天，两个人五天，十个人一天，一万个人多少天？答案是：人多手脚乱，一万个人挤在一小块地上建小房子，恐怕一年也建不出来。张五常的这个例子很经典，这就是边际产量递减规律。

在程序员中流传着一本叫《人月神话》的书。所谓“人月”，指的就是一个人在一个月内可以完成的工作量。在作者布鲁克斯看来，随着项目参与的人数越来越多，分工越来越细，过了某个临界点，人越多不是越帮忙，而是越添乱。这也是边际产量递减规律。这一规律在工厂界被称为“布鲁克斯法则”。

发生边际产量递减的根源，是要素投入之间有一个最优的比例。其他要素不变，不断增加某个可变要素，那么就会偏离最优的要素比例。越增加这个可变要素，就越偏离最优比例，这个可变要素的边际产量也就越低，边际产量递减就发生了。

无疑，在这个过程的初始阶段，相对于该可变要素，其他要素投入的比例过大了。在这个阶段，增加该可变要素，会使要素比例趋于合理，因此该可变要素的边际产量又是递增的。就是说，**边际产量递减规律本身包含了边际产量递增的因素。**

如此，我们就有了弧形似山的总产量曲线：总产量先以递增的速度增加，然后以递减的速度增加，到了某一点，再增加该可变要素，总产量不仅不增加，甚至还要减少（见图13.1）。

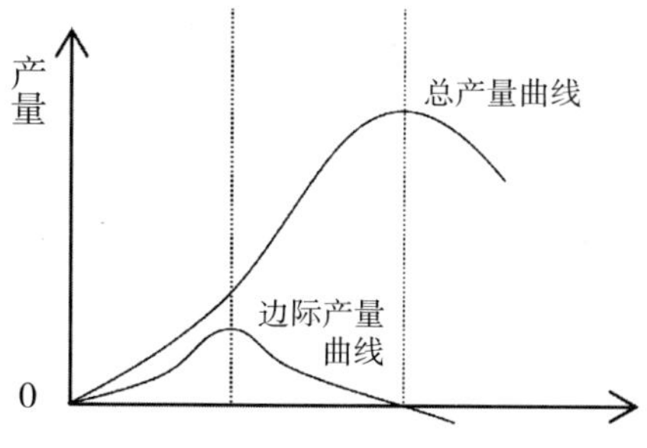

图13.1 边际产量递减规律

为什么要素投入比例变化会导致边际产量递增或者递减呢？

答案是：要素投入比例不同，生产方式就不一样。

张五常讲得好：拿一卷软尺丈量土地，一个人有一个人的办法，他得先把软尺的一端固定于一个地方，然后拿了软尺的另一端到另一个地方才可以丈量。多加了一个人，两个人有两个人的办法，各执软尺的一端来丈量，其丈量的土地面积会比一个人丈量的土地面积乘以二还要多。两个人各执软尺的一端来丈量土地，生产方式改变了。如果继续增加人手，软尺还是一卷，他们就要轮流使用这卷软尺了，边际产量必定会下降。

俗话说：一个和尚挑水喝，两个和尚抬水喝，三个和尚没水喝。要素投入比例不同，会使生产方式改变，于是出现了边际产量递减或递增的现象。

一种要素多了，另一种就少了，多的要素边际产量递减，少的要素边际产量递增。

边际产量递减规律属于局部均衡分析，严格假定其他要素投入不变。现实中，如果劳动、资本都在变化，会是什么结果呢？答案是：**增长相对快的要素的边际产量迟早要递减。**

这个理论有一个重要应用，可以用来解释经济增长过程中劳动收入占比下降的现象。

法国经济学家皮凯蒂写过一本叫《二十一世纪资本论》的畅销书。在这本书中，皮凯蒂利用三百年来的经济数据，通过回归分析得出结论：劳动收入占比一直是下降的，自由市场经济会导致两极分化。他开出的处方是：政府应该实施二次分配，向富人征税补贴穷人。

然而根据我们的理论，皮凯蒂的结论未必成立。首先，在经济发展的早期，存在大量农村剩余劳动力，资本相对劳动更加稀缺，在此过程中，虽然劳动和资本都在增加，但是劳动的增速相对更快，资本的边际产量递增，劳动的边际产量递减，因此，劳动收入占比下降是正常现象。其次，随着经济发展，当农村剩余劳动力被用尽，资本逐渐丰裕以后，资本的边际产量会下降，劳动的边际产量会递增，到了这个阶段，劳动收入占比又会上升。

那么，当今发达国家资本相对劳动更加丰裕，为什么其劳动收入占比没有上升呢？

其实这也不是市场的错，恰恰是破坏市场的错，其中最重要的原因就是货币超发。从1973年脱离金汇兑本位制后，人类就进入货币超发的时代。图13.2是1955—2014年代表性实行浮动汇率国家的CPI，从中可以看出1973年后通货膨胀的情况。

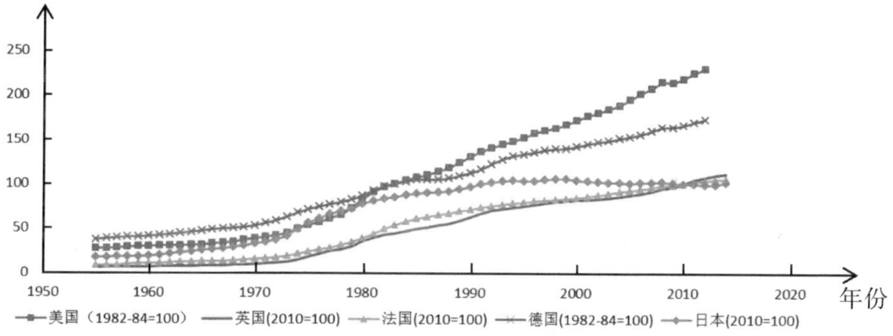

图13.2 1955—2014年代表性实行浮动汇率国家的CPI

货币超发的后果是，资本家享受资产泡沫盛宴，劳动者却要承担因此而产生的高成本，这势必阻碍劳动收入占比的上升。

所以，我们要仔细甄别，导致劳动收入占比下降的到底是自由市场，还是对自由市场的破坏。千万不要让计量分析迷惑了双眼。如果你的数据不是来自自由市场，而是来自遭到破坏的市场，那么劳动收入占比下降就不能证明自由市场经济会导致两极分化。

中国劳动收入占比从1993年的49.49%降至2007年的39.74%。有人说，这是因为中国人口多，特别是农民工有大量供给，劳动者缺乏谈判力，解决的办法是成立工会组织。

根据我们的理论，劳动收入占比低与中国人口多，特别是农民工有大量供给的确有关系，但并不是因为人多、谈判力低下，而是因为存在庞大的剩余劳动力，与工业化过程伴随的就一定是资本的边际生产率更快提高的过程。工业化的过程是劳动生产率提高的过程，在这个过程中劳动收入会增长，但是在初期，增长更快的是资本的收入。所以，在相当长的一段时间内，我们看到新闻中出现最多的词就是“招商引资”，而没有出现过“人的故事”。

随着“招商引资”带来的中国经济的发展，资本要素在城市建设与发展中的边际贡献在递减，如何将优秀人才吸引到自己的城市，使其扎根下来，保持竞争力，又成为各地方政府的头等大事。“抢人大战”这个词最近几年经常听到，不少城市明确发布“抢人”政策。

魔鬼隐藏在细节中。你想到过产量递减规律包含了产量递增因素吗？如果不理解这个细节，那你就不能理解在经济增长过程中劳动收入占比下降的现象，就会以为这是因为相对于资本，劳动者弱势、没有谈判力，就会错误地主张强化工会以及向富人征税补贴穷人这一做法。

思考题

从方法意义上讲，边际产量递减属于局部均衡还是一般均衡？

二、利润是无主的孤魂

同学们可能好奇：你上一讲刚刚讲了利润是企业家才能的报酬，怎么这一节又说利润是无主的孤魂，这不是前后矛盾吗？那么该怎样化解这个矛盾呢？

先为同学们揭秘为什么利润是无主的孤魂。

首先，在确定性环境下，经济利润不可能为负。

如图13.3所示，AVC是平均可变成本，主要是原材料等产生的成本，AC是平均成本。平均成本和平均可变成本之间的差额就是平均固定成本，这部分主要是由机器、厂房等产生的。[①]

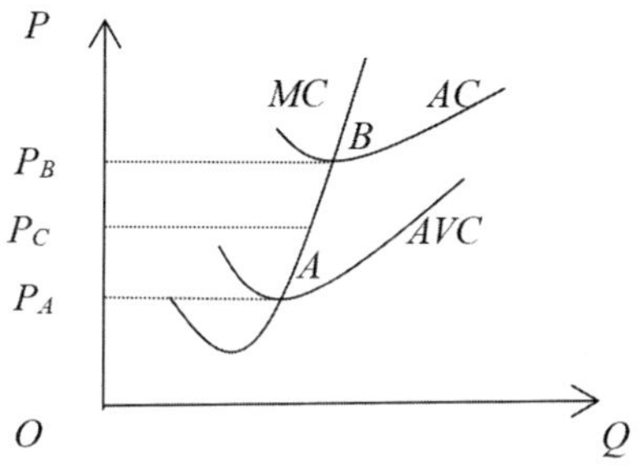

图13.3 停产点选择

请问：当价格降到P_B的水平，也就是等于平均成本时，厂商要不要选择停产？

---

① 传统教科书讲："固定成本是不能改变、不生产也要发生的成本"。这个说法有待商榷。固定不变就是没有选择的意思。既然没有选择，又怎么可能有成本呢？不要忘了，成本永远是机会成本，没有选择就没有成本。不生产，可以将固定要素在市场上出售出租，怎么可能存在不生产也要发生的成本呢？

举个例子。假如停电一小时，除了电力、原材料可以随之而节省，其他的投入，包括按天雇的临时工，似乎都是无法改变的。可是这些要素投入真的不能改变吗？厂家可以辞退工人，并且把机器厂房出租出售出去，怎么会没有选择呢？当然，只是停电一小时，老板不可能立即辞退工人、把机器厂房出售出租出去。因为辞退工人、出售出租机器厂房，一个小时后再重新弄回来，太麻烦，得不偿失。"麻烦"的意思，翻译成经济学的术语就是交易费用太高。不是不能这样做，而是交易费用太高，使得这样做得不偿失，所以老板选择不这样做。假如没有交易费用，你会不会这样做？

如果停电一天呢？这时候老板就会把按天雇用的临时工解聘。如果停电一个月呢？老板又会把按月聘用的临时工解聘。如果企业计划永久停产呢？就会把所有员工都解聘。

因此，并不是生产者没有选择，而是因为存在交易费用，使得某些生产要素比另一些更难以随产量的变动而立即变动。马歇尔的时代还没有交易费用的概念，他无法解释有的要素变有的不变，就发明了长期、短期的概念，认为短期中有的要素不能变，这个不能变的要素就叫固定要素，长期中所有要素都能变。

买卖股票时需要你在证券公司开户，并存入保证金。早期，电子交易不发达，你存入股票账户的保证金是不能挪作其他用途的。在这个意义上，这一笔钱就是固定投入。但是今天电子交易高度发达，当你不买股票的时候，随时可以通过逆回购的方式将钱借给他人，甚至可以在股市快收盘的时候通过逆回购借给他人用一晚上，不耽误你第二天股市开盘的时候购买股票。你看，同样是保证金，交易费用高的时候，它就是固定投入；交易费用低的时候，它又变成了可变投入。可见，固定还是可变，跟时间长短没有关系。

主流经济学说：不，只要价格高于平均可变成本P_A，就要继续生产。例如，当价格为P_C，低于平均成本P_B，继续生产虽然会亏损，但是可以收回部分固定成本，从而减少亏损。

主流经济学显然是把“历史成本”当成本了。固定成本不是机器、厂房的历史买价，而是此时此刻在市场上能够卖出的价钱。大家想想，当价格降到平均成本P_B之下的时候，停止生产，然后卖出固定资产收回全部固定成本不好吗？难道还要费劲巴拉地继续生产，然后只能收回部分固定成本吗？

一旦价格降到平均成本的水平，厂商就会选择停产。因此，经济利润是不可能为负的。

那么在确定性环境下，经济利润可能为正吗？

答案是：在确定性环境下，经济利润也不可能为正。

从一般意义上讲，任何收入都是由资产，或者说，是由生产要素创造出来的。世界上没有不是生产要素创造的收入。劳力、厂房、设备、流动资金固然是生产要素，管理能力、工艺秘密、技术专利同样是生产要素。任何要素均名花有主，要素创造的收入也名花有主。

既然资产都有主人，使用有主的资产当然都要支付费用，这个费用正好等于要素创造的收入，因此哪有正利润这回事呢？

上一讲讲到利润是企业家才能的报酬。注意，那里的利润是收入减去工资、利息、地租等成本后的差额。问题是，这个属于企业家才能的报酬算不算成本呢？当然要算。

你向银行贷款，固然要支付利息成本。用自有资金办企业，是不是就没有利息成本了？当然不是。因为你不办企业的话，就可以拿这笔钱在借贷市场上获取利息收入。你用自有资金办企业，就放弃了在借贷市场获取利息的机会。放弃的利息收入就是你使用自有资金的成本。你使用自己的企业家才能，同样也是有成本的。企业家才能的报酬就是你使用它的成本。

因此，假如把利润定义为收入减去所有成本的差额，那么那个仅仅收入减去工资、利息、地租等成本后的差额，就不是真正的利润，而是扣除一部分成本之后的另一部分成本，也就是企业家才能的报酬。**只有收入减去所有成本之后的差额，才是真正意义上的利润。这个真正的利润，在确定性环境下，等于零并且必须等于零。**

你们会不会怀疑：利润为零，那么经济怎么可能有增长呢？

以资本为例。因为资本获得了利息，当然有增长。利息来自收入，但利息也是成本。经济利润为零不是说经济没有增长，而是说，要素都是有主人的，要素产生的收入也要归主人所有，因此收入也是成本。一般来说，收入减去工资、地租、利息是有剩余的，但这个剩余不是利润，而是企业家才能的报酬，它也应该算作成本。在第十五讲讲利息、收入与财富的时候，我会用数学公式告诉大家，经济利润为零，经济是有增长的。

再说一遍，**利润为零，不是说没有增长，只是说收入都是有主人的，因而也都是成本。**

利润是无主的孤魂，经济利润总是为零，那么怎么解释明明亏损，企业还继续经营的现象呢？答案是，守得云开见月明。如果看不到前途，那么企业是断不会选择亏损经营的。

在确定性环境下，经济利润既不可能为负，又不可能为正，只能为零。就是说，如果经济利润为正或为负的话，那么经济环境一定是不确定的。奈特给自己的书取名为《风险、不确定性和利润》，张五常讲"利润是无主的孤魂"，两者异曲同工。

是的，经济利润可以为正或者为负，但**那或正或负的经济利润是不确定性的产物**，是不可能最大化的。

任何要素均名花有主，其主人必定要争取收入最大，工人争取工资最高，地主争取地租最高，银行争取利息最高，企业家争取企业家才能的报酬最高。我们常说的利润最大化，其实是不对的，因为作为无主孤魂的利润，是不可能最大化的。能够最大化的，是企业家才能的报酬。经济学通常所说的利润最大化分析，准确地说，应该叫企业家才能报酬最大化分析。

由于大家已经习惯于把企业家才能的报酬当作利润，也就不便改正了，但是我们一定要清楚，现实中被我们叫作利润的东西，其实包含了两个部分：一部分是企业家才能的报酬，这并不是真正的利润；另一部分是无主孤魂的利润，这部分才是真正意义上的利润。

所以，有的人办企业挣的钱，的确是企业家才能的报酬；有的人办企业挣的钱，有可能是碰巧挣的。例如，你根据地价高房价也会高的理论去投资房子，竟然赚了大钱。但因为你的理论是错误的，你的企业家才能的报酬是零，你投资的利润属于无主的孤魂，全凭运气获得。这就可以解释，为什么有的企业长期成功，有的企业则昙花一现，很快就败落了。

我一边说利润是企业家才能的报酬，一边又讲利润是无主的孤魂，现在你明白其中的道理了吗？

最后，我介绍一下利润最大化计算的数学表述。在后面的分析中，我们偶尔会用到。

首先，我要强调利润最大化计算正确的说法应该是企业家才能报酬的最大化计算。其次，人们所有的决策都是面向未来的，因此准确地说，应该是预期利润最大化计算。

Π代表预期利润，$R(Q)$代表产量为Q时的预期收入，$C(Q)$代表产量为Q时除去企业家才能报酬之外的要素成本。企业选择产量，以实现预期利润（预期企业家才能报酬）最大化。

$$\Pi=R(Q)-C(Q)$$

数学上一阶导数等于零，经济学术语就是边际收益等于边际成本，即$MR(Q)=MC(Q)$，此时企业的选择最优。这个条件放之四海而皆准，适用于任何市场、任何企业。

如果$MR(Q)>MC(Q)$，说明企业多生产一单位产品的收益大于成本，企业多生产这一单位产品能够增加利润，因此企业之前的产量还没有达到最优产量。如果$MR(Q)<MC(Q)$，就是最后一单位产品的收入小于其成本，企业减少这一单位产品的生产反而可以增加利润，说明之前的产量已经超过了最优产量。因此只有$MR(Q)=MC(Q)$，预期利润才实现了最大化。

换句话说，**当边际收益等于边际成本时，预期利润（预期企业家才能报酬）达到最大。**

思考题

人人追求利益最大化，怎么利润为零呢？利润为零，怎么能有财富积累、经济增长呢？这个问题深不见底，我请大家再用自己的话回答一下。

三、超边际决策更重要

上一节讲了，企业将产量确定在边际收益等于边际成本的地方。这是已经进入某个行业后作为在位者的选择。在位者只需选择生产多少产品，是多生产一个单位还是少生产一个单位。然而在真实世界，首先要做的选择是，要不要投资生产，即要不要进入这个领域、做这个生产者。

前一种决策叫作边际决策，后一种决策叫作超边际决策。

举个例子。是选择读大学呢，还是直接去打工，这就是超边际决策。你已经选择了读大学，现在要决定，每天看多长时间的书，这就是边际决策。

现实充满了风险和不确定性。在“企业理论”一讲我们讲过：企业是一种对于企业家才能的间接定价机制，这个定价机制要求企业家在企业里押上自己的资产，承担判断的风险。

你开办企业，当然可以从银行借钱，但借钱总是需要抵押的。因此，你的财富水平，或者说你的融资能力，最终决定了企业可能的最大规模。另外，机器、厂房等固定投入也要有一个最小的有效投入单位。简单来说，就是你不可能用半间厂房、半台机器生产。因此，如果你有能力支付开办企业的最小有效投入，那么你就可以办厂做企业。这就是我在前面讲过的，必须有资产做抵押，否则，即使你再有能力，也只能为别人打工，不可能自己当企业家。

投资之前，你会做市场调研，看看你的产品的需求状况，计算厂房、机器、人工、原材料等成本，估算大致的产量和平均成本是多少，根据相似产品的价格预估售价会是多少，如果预期利润率高于替代选择的收益率，那么就会投资办企业；反之，就会放弃。

企业开张之后，你按照计划的价格和产量生产、销售，有可能产品供不应求。这个时候，如果你是价格接受者，那么首先会选择增加可变要素投入，例如让工人加班，又如雇用临时工来增加产量。如果这样做你的产品还是供不应求，可能就要考虑扩大生产规模了。如果你对价格有一定的影响力，那么你有三种选择：其一，提高价格，实现供求平衡；其二，增加可变要素投入，例如让工人加班，又如雇用临时工来增加产量；其三，提高价格，同时增加可变要素投入。如果这样做还是供不应求，那么就要考虑扩大生产规模了。

然而，也可能开张后产品滞销，卖不动。这个时候，如果你是价格接受者，那么首先会选择减少可变要素投入，比如通过解雇工人来减少产量。如果这样做还是供过于求，可能就要考虑缩减生产规模，甚至选择停产了。如果你对价格有一定的影响力，那么你也有三种选择：其一，降价促销，实现供求平衡；其二，减少可变要素投入，例如解雇部分工人来减少产量；其三，降价促销，同时减少可变要素投入，减少产量。如果这样做还是供过于求，那么就要考虑出售部分固定资产，减小生产规模，甚至选择停产了。

已经开张了，决定继续生产，就只剩多生产一点还是少生产一点的权衡。在这种情况下，是可以大体计算边际成本的。因为不生产这最后一单位产品，厂房、机器设备也不能用作其他用途，因此大体上最后一单位产品的成本就是生产这一单位产品的可变成本。但也只是大体上，因为生产这最后一单位产品，对机器等固定设备是有磨损的，这是很难精确计算的。

超边际决策决定做什么、用什么方法做，边际决策决定做到什么程度。无疑，前者远远比后者重要。**做什么、用什么方法做，永远比做到什么程度更重要。**超边际决策相当于决定方向，边际决策相当于决定努力的程度。**方向永远比努力重要。**方向对了，努力或者不努力，只决定与目标的远近程度。可是方向错了，越努力，离目标就会越远。

例如，当我选择做老师的时候，就决定了我可能在经济学上有所建树，但是绝不可能发大财。无论我怎么进行边际决策，每天看书8小时，还是24小时，只能决定我这个老师的知识水平和讲课的好坏，但我是不可能通过教书发大财的。如果我选择了通过练骑自行车上月球，那么毫无疑问，我越努力，就会失败得越惨。

在移动互联网时代，如果你选择以实体的方式做零售，那么无论你的边际决策多么完美，经营多么努力，都不可能做大做强。但如果你投身互联网零售平台，那么你就有可能变成京东、拼多多。现在的抖音、快手不也是借着自己的视频直播平台在做新零售，并大有赶超京东、阿里之势吗？**一个时代有一个时代的财富逻辑**，看懂这个逻辑，并正确地决定做什么、用什么方法做，这是重要的企业家才能。

后工业化时代，技术日新月异，商业模式层出不穷，超边际决策显得更加重要。比如，当年我们读大学时学的编程语言，早就没有任何用处了，可是作为年轻人，我们很难早早地就决定将来去做什么、用什么方法做。所以现在的大学，不再是简单地教授某一具体的专业，取而代之的是更为一般性的、能够适应各种变化的素质与能力的培养。

企业将产量决定在边际收益等于边际成本的地方，这仍然是零交易费用的分析范式。在正交易费用的情况下，很难准确计算边际收益和边际成本。事实上，你去问任何一位企业老板，他也不知道自己产品的边际收益和边际成本。企业老板都不知道，其他人又怎么能知道呢？所以，将产量决定在边际收益等于边际成本的地方，这只是一种理论上的理想状态，现实中肯定有所偏离。达到精确是有成本的，成本太高，不那么精确反而是在追求利润最大化。

假如交易费用为零，那么按照边际收益等于边际成本的原则确定产量，然后再根据需求曲线确定给定产量的价格。这将是一件极其简单的事情。可是实际情况不是这样。那么在真实世界该怎样给产品定价呢？这个问题既复杂又有趣，我们下一讲再讨论。

思考题

既然每个时代都有自己的财富逻辑，那么智能机器人时代的个人生存之道是什么？

第十四讲 | 产品定价

一、产品定价的核心问题

我首先对成本加成定价法做一个评述。成本加成定价就是在平均成本的基础上加上一个利润比例来给产品定价。成本加成定价法曾被一些经管书籍广泛介绍，在实践中也曾被企业大量使用，但这个方法是否正确也有待商榷。理由是：首先，“历史成本”（“会计成本”）不是成本，不影响价格，因此根据“历史成本”（“会计成本”）来定价肯定有误。其次，成本也不影响价格，不是成本决定价格，而是价格决定成本，影响价格的是预期成本。既然成本不决定价格，又哪来的成本加成定价法呢？由于生产成本是预期成本，因此它是影响价格的。但就算如此，也不应该用成本加成的办法来定价。只要消费者愿意出高价，即便生产成本低，也应该卖高价，为什么非要用一个利润比例作茧自缚呢？生产成本最多只是价格的下限，除此之外，无须多考虑。

2001年，唐纳·德沃什科维茨成为派克汉尼汾公司的首席执行官。他发现这个大型零件生产商（收益超过94亿美元）竟然使用成本加成法给产品定价，经理们计算出生产成本以及物流价格，然后再加上35%的“合理”利润。这对他来说是不可思议的。他认为**产品价格应该由消费**

者的支付意愿来决定，而不是由其生产成本决定。于是，他聘请市场营销顾问，基于需求方意愿支付的数据，设计了新的定价系统。使用新定价系统后，公司产品的价格分别上升了3%~60%，相应地，公司利润从1.3亿美元增加到6.73亿美元，资本回报率从7%提高到21%。可见，在基于35%“合理”利润定价法下，这么多年派克汉尼汾公司损失了一大笔财富。

设想，有张三、李四、王五三个人，分别愿意花3000元、2000元、1000元购买手机。注意，每个人都不会接受以高出自己支付意愿的价格来购买。的确，根据消费者的支付意愿定价，卖张三3000元，卖李四2000元，卖王五1000元，可以获得6000元的最高销售收入。

但在实践中，难以完全像这样定价，因为很难知道消费者的真实支付意愿。而这无疑是产品定价努力的方向，即想方设法尽可能按照消费者的支付意愿来定价。

例如，如果不能准确识别每个消费者的支付意愿，那么可以把支付意愿接近的人分成一个组，按组定价。假设还有甲、乙、丙三个人，分别愿意花6000元、5000元、4000元购买手机。如果整个市场统一定价，价格为4000元时能获得12000元的最高收入。但如果对甲、乙、丙定价4000元，对张三、李四、王五定价2000元，就可以获得18000元的收入。

你看，分组定价的确能比统一定价创造更高的收入。

道理不难理解，假如能将组无限细分下去，那么就等价于对每个消费者收取不同的价格。

因此，**产品定价的核心是区分消费者，根据其支付意愿差别定价，**对高支付意愿者收取高价，对低支付意愿者收取低价。学术一点的说法，这就叫价格歧视。

假如能够摸清每个消费者的支付意愿，那么就按照每个消费者的支付意愿分别定价。这就叫完全价格歧视。不能的话，那就分组定价。这就是不完全价格歧视。

医生看病的时候会询问患者的职业、家庭住址和医保范围等信息，这些信息对了解患者的健康非常有用，对衡量患者的支付能力和支付意愿也十分有用。于是，医生就可以同病不同治疗，收取不同的费用。研究表明：医疗系统在差别定价方面有着优良的传统。

一些4S店的销售人员会在与顾客的长时间互动中获得顾客的愿付价格信息，通过在固定价格基础上提供不同的折扣、赠送不同价值的礼品等形式，实现价格歧视。你去商场买衣服，虽然明码标价，但有的可以讲价，这也是对不同消费者收取不同价格的价格歧视。

在学生入学前，大学很难确切知道学生的支付能力，那么怎么确定学费标准呢？有两种收费策略，一种是偏低一点，好处是不会失去那些支付能力低的学生，坏处是有学生本来愿意出高价，可是学校只收了低价；另一种是偏高一点，好处和坏处正好与收费偏低的情况相反。由于学生入学后学校可以了解学生的家庭状况、支付能力，于是，大学就可以收取偏高一点的学费，同时承诺提供奖学金、贷款补贴、勤工俭学机会等。这样，大学就既向那些支付意愿高的学生收取了高学费，又没有因此而失去支付意愿低的学生。

厂商也可能根据购买数量来实施差别定价。例如，一些卖饮料的商家就采取第二杯半价的策略。因为边际效用是递减的，假如不实行这样的策略，那么喝了第一杯的人可能就不再买第二杯了，而采取这样的策略，一些喝了第一杯的人就可能继续买第二杯。这样既对第一杯收取了高价，又没有失去赚第二杯钱的机会。又如，希凯弗里曼是一家生产高质量职业装的企业，公司以这样的方式为其高档服装定价：买一套的价格大约为700美元，买第二套的价格大约为600美元，如果消费者购买两套以上的服装，折扣会更多。

买的多，折扣就会多，这几乎是一种通行做法。在超市，1本笔记本10元，10本一包，你要是买一包的话，就只需90元。这其实也是根据购买数量来实施差别定价。

有时，厂商会根据地域来实施差别定价。亚洲版《华尔街日报》在中国香港、新加坡和东京每天印刷，同步发行。在这三个地方中，报纸的定价差异很大。2006年5月，该报在香港的年定价为348美元，在新加坡的年定价为331美元，在东京的年定价为845美元。但是，要确定网络用户的地理位置很难，因此该报网络版在这三个地方的年定价都是99美元。

商家还可能根据消费者群体来实施差别定价。例如，微软的Windows10有学生版、家庭版、专业版、终极版，针对的就是不同的人群。又如，电影院对学生、老人和一般成年人的卖价也有很大差异，通常会给前两类人打折。再如，航空公司经常对经济舱打折，但是很少对商务舱打折。

在同一时间、同一地点，对同一产品向不同消费者收取不同的价格，这对于被收取高价的消费者来说，感受总是不好的。因此，**要成功实施价格歧视，就需要将消费者隔离开来。**

有条件，要实施价格歧视；没有条件，创造条件也要实施。商家可以人为地把消费者隔离开。例如，手机厂商就不停地推出新款手机。其实，新款手机与旧款手机的功能并没有太大区别，但是新旧两款手机的价格却有很大的差异。这样，支付意愿高的人就会去买新款手机，而支付意愿低的人可以买旧款手机。汽车厂商会生产高配、低配不同版本的汽车，背后的道理也一样。

那么，企业搞价格歧视对社会好不好？

别只看企业向支付意愿高的人收了高价，还要看到企业向支付意愿低的人收了低价。大学的价格歧视让支付能力高的人多交了费，但是，假如大学不搞价格歧视，那么那些支付能力低的学子就可能没有读书的机会。自愿交易互利互惠，价格歧视让更多的人参与交易，当然好。

如图14.1所示，深入学习经济学后就会明白，假如不搞价格歧视，那么企业就会把产量确定为边际收益等于边际成本Q^*的水平，而如果搞价格歧视，企业就会把产量确定在Q_e的水平。和不搞价格歧视相比较，整个社会增加了三角形ABC面积的利益。

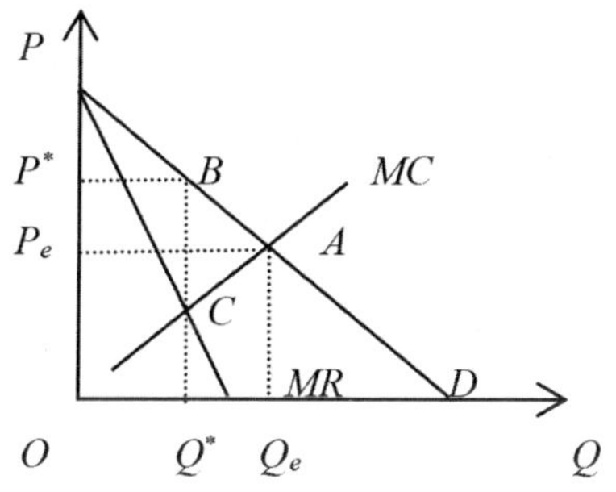

图14.1 价格歧视增加社会总福利

思考题

同样是卖衣服，为什么有的可以讲价，实行价格歧视，有的不讲价，不搞价格歧视？

二、产品定价的延伸讨论

上一节讨论了，产品价格应该由消费者的支付意愿来决定。但实际上，影响产品价格的因素很多。例如，同样是卖衣服，有的讲价，搞价格歧视，有的不讲价，不搞价格歧视。可见，决定产品价格的不只是消费者的支付意愿。

企业可能还要考虑节约交易费用。肯德基是快餐，一般来说吃饭的时候会出现排队现象。因此，怎样节约点餐时间就是一个重要的考量，而推出套餐无疑可以节约点餐的时间。这样做对消费者来说也划算，因为套餐略微便宜些。

企业还可能结合自身产业的技术特点进行定价。

假如**边际成本很低，企业就会想办法鼓励消费者多消费。**一种办法是，顾客购买一定的量，企业就会给予一定的价格优惠。例如，电信企业搞月租模式，消费者按月交固定的钱，可以打特定时间的电话。超过特定的通话时间，就按照分钟计算，价格相对要高一些，没用完也不退钱。其实，电信企业的这一做法并不特殊，类似的还有健身房会员卡、旅游景点的年票等，尽管具体细节上有差异，但都是在边际成本很低的情况下鼓励消费、批量优惠的做法。

随着传统电话、短信业务逐步萎缩，数据业务成为拉动收入增长的第一引擎。于是，电信企业又推出套餐定价。同样，套餐内价格便宜一些，超过的部分，价格就要贵一些，假如没用完，流量也不转下月。

电信企业也要搞价格歧视，办法也是分组定价。可是电信企业几乎没有办法主动去分组，于是它就设计出不同的套餐，有的通话时间长一点，有的流量多一点，有的贵一些，有的便宜一些，让消费者自己选择。因此，**套餐是一种由消费者自由选择的分组定价。**

电被发出来之后是不能存储的，于是发电企业就可以采取错峰定价。在用电高峰，收取较高的电价；在用电低谷，则收取较低的电价。2020年新冠肺炎疫情期间，原油价格一度为负。这是为什么呢？因为油井可以减少开采量，但是不能停产。疫情使得生产停摆，对石油的需求巨幅下降，可是生产不能跟着减少，生产出来的石油没有地方储藏，当然要倒贴钱才能卖出去。

像互联网这样的信息产业，边际成本几乎为零，而且存在网络效应，就可以选择“羊毛出在猪身上”的定价方式。当年马化腾搞QQ的时候，很多人都纳闷：这东西怎么盈利？然而，今天WPS、杀毒软件等都不是直接收费，而是通过广告、云储存等辅助服务来收费。

20世纪80年代末，长虹电视非常畅销。一开始，厂内售价比外面商店的售价低，于是很多人直接到长虹厂购买电视。我印象深刻的是，我二哥的第一台彩色电视就是千里迢迢从老家到长虹厂购买的。后来，又变成厂内售价比外面商店高，出现了街这边商店的售价比一街之隔长虹厂内价格低50元的情况。为什么会这样呢？因为彩电行业竞争逐渐激烈起来，销售网络的重要性就凸显出来，长虹要培育销售网络。今天，你在苹果官网买手机是不会有折扣的，但在其他平台购买，反而可以享受到各种优惠，这也是苹果在刻意培育销售网络。

同样是卖衣服，有的讲价，有的不讲，就足以说明影响产品定价的因素太多。我们的例子还没有考虑战略定位、竞争者之间的博弈、动态过程等因素，把这些因素考虑进来，就会更加复杂。因此，很难给出一个一般的定价方法，只能具体情况具体分析。

如图14.2所示，左边需求曲线陡峭，缺乏弹性，右边需求曲线平缓，富有弹性。先看左边的图，降价减少了A区域的面积，增加了B区域的面积，A区域的面积大于B区域的面积，因此总收入是减少的；提价减少了B区域的面积，增加了A区域的面积，总收入是增加的。右边的图情况正好相反。因此，**如果需求缺乏弹性，降价将减少收入，提价则增加收入；如果需求富于弹性，降价将增加收入，提价反而减少收入。**[①]

---

① 收入等于销售量乘以价格。

$$R=Q(P)P$$

一个简单的微分运算，就可以得到下面的等式。

$$dR=(1-e)QdP$$

从公式中也可以清晰看出，如果需求缺乏弹性，也就是e小于1，那么涨价可以增加收入，降价则减少收入；如果需求富于弹性，也就是e大于1，那么涨价减少收入，降价反而增加收入。因此，一种商品到底是涨价好，还是降价好，没有定论，要看需求是缺乏弹性还是富于弹性。

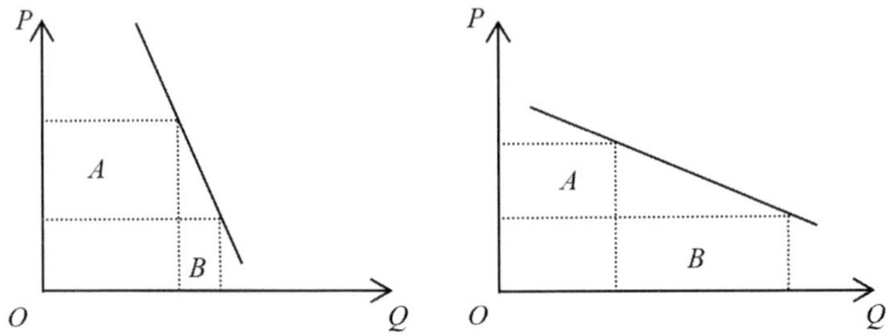

图14.2 弹性、价格变化与收入增减

为什么出口商品在国外经常卖得比国内便宜？真的如一般人所说的是在“倾销”吗？不是。因为国内有关税保护，在国外市场上则要面对各国产品的竞争，替代性更强，产品的需求弹性更高，当然要低价销售。国外价格比国内价格低，这不是厂商在倾销，而是一种正常的商业行为。

· 那么，为什么宝马、奔驰、奥迪在本国卖得便宜，在中国卖得贵呢？因为这些车在本国主要是大众在购买，他们多是中产，不是富人，需求弹性高，对价格变化敏感，在中国则主要是有钱人、政府和国有企业在购买，他们的需求弹性低，对价格变化不敏感。

为什么农业大丰收农民收入反而减少？因为农产品需求弹性低，虽然产量增加了，但是由此引起价格以更大的幅度下降，产量增加对于收入的增加，远远不如价格下降对于收入的减少，结果是收入不增反减。这就是俗语说的“谷贱伤农”。

这也是为什么很少听说食盐有降价销售的。因为需求缺乏弹性，降价很多，销售量也只能增加一点点。销售量增加对于收入的增加作用，无法弥补价格下降对于收入的减少作用。

改革开放以来，中国出口商品的价格不断下降，有人对此忧心忡忡。这个担心有没有道理？没有道理。中国出口的是低端的劳动密集型产品，替代性强，需求弹性高，价格下降意味着出口数量有更大的增长，这当然是好事。经济的持续高速增长就是证明啊！

一个有趣的问题是：缺乏弹性的时候，既然提高价格可以增加利润，那么能不能无限提高价格呢？当然不能。同样的产品，价格低的时候缺乏弹性，价格高的时候富于弹性。因此当价格高到一定的程度，继续提高价格，不但不能增加利润，反而会减少利润。

这也说明，虽然弹性概念有助于我们理解一些现象，但是它也容易使我们陷入循环逻辑。

为什么电影院经常对老人打折？有人会告诉你，因为老人的需求弹性高。可是，怎么知道老人的需求弹性高呢？我们其实是通过观察价格变化、老人的需求量的变化来判断的。因此用弹性来解释行为，很可能是循环逻辑。最好的解释应该是下面这样的。

对于老人来说，他们空闲时间较多，因此看电影的非货币价格（时间成本）低，而对于上班族、商务人士来说，他们看电影的非货币价格高。

假设电影票价是10元，非货币价格是T元，电影院对票价打折50%，于是观众看电影的真实价格是10×0.5+T（元）。如果非货币价格为零，那么电影院对票价打折50%，观众的真实价格为10×0.5=5（元），等于真实价格也打折了50%。而如果非货币价格不为零，例如等于10元，那么电影院对票价打折50%，观众的真实价格其实只打折了5/20=25%。

因此，非货币价格的存在减少了打折销售的意义。因此，假如你是商家，你也不会对非货币价格高的人打折。这才是为什么电影院对老人打折，而对上班族、商务人士不打折的原因。

思考题

有人说成本不影响价格，但这里讨论产品定价的时候，又谈论到成本，有没有矛盾？

三、出口产品质量会更高

美国华盛顿州盛产苹果，品种繁多，其中红苹果最受市场欢迎，价格也最贵。一个有趣的现象是，品质最优的红苹果大都远渡重洋销往外地，本地销售的多是较差的或者其他品种。

为什么优质红苹果远销外地呢？阿尔钦是这样解释的。

假设有普通和优质两种苹果，普通苹果1元一个，优质苹果2元一个。那么，吃1个优质苹果，就得放弃2个普通苹果，即1个优质苹果的成本是2个普通苹果。

如果把苹果运到外地，就需要加一笔运费。假设运送1个苹果的运费是1元。由于普通苹果和优质苹果的重量一样，体积也一样，因此它们的运费也一样，都是1元。运到外地后，普通苹果变成2元一个，优质苹果变成3元一个。那么现在吃1个优质苹果得放弃几个普通苹果？需放弃1.5个了。

这个时候你会发现，吃1个优质苹果，付出的代价只是1.5个普通苹果。换句话说，由于支付一笔运费，用普通苹果来计价，或者说，相对于普通苹果，优质苹果变得便宜了。

如果运费不是1元，而是10元，那么运到外地后，普通苹果和优质苹果分别变为11元一个和12元一个。现在吃1个优质苹果，又变成只需放弃1.0909个普通苹果了（见表14.1）。

表14.1　运费影响产品相对价格

运费（元）	优质苹果（元）	普通苹果（元）	1个优质苹果=？个普通苹果
0	2	1	1个优质苹果=2个普通苹果
1	2+1=3	1+1=2	1个优质苹果=1.5个普通苹果
10	2+10=12	1+10=11	1个优质苹果=1.0909个普通苹果
……	……	……	……
10000	2+10000=10002	1+10000=10001	1个优质苹果=1.00009个普通苹果

这说明，随着运费不断增加，优质苹果的价格越来越接近普通苹

果，吃1个优质苹果的代价和吃1个普通苹果越来越没有差别了。

为什么商家把优质苹果运到外地销售，而将普通苹果留在本地？因为加上运费，价格高的优质苹果变得相对便宜，向普通苹果靠近了，这是需求定律在起作用。需求定律告诉我们，其他条件相同，价格下降，需求量增加，消费者更愿意买价格便宜的东西。

如果你看不清问题本质，不妨把它推到极致来观察。假设运费不是10元，而是10000元。这个时候，普通苹果的价格是10001元，优质苹果的价格是10002元。这时候你会发现，吃1个优质苹果付出的代价只是1.00009个普通苹果了。

把普通苹果和优质苹果运到外地去，价格几乎是一样的，那么请问：作为消费者，你会选择吃普通苹果呢，还是选择吃优质苹果？商家把普通苹果运到外地卖得出去吗？

现实中还有不少这样的例子。一般来说，出口商品的质量好于内销商品。20世纪90年代，我就经常见到这样的促销广告，商家宣称自己卖的是出口转内销产品。可见，在人们的心目中，已经形成了出口商品的质量好于内销商品的观念。

这节课的含义是，如果要加一笔固定的费用，那么商家就得提高商品的品质来应对。

今天出版图书很简单，但在古代，出书可是一件非常不容易的事情。大家由此推断，是古代书的质量高，还是今天书的质量高？平均来说，一定是古书的质量高。

那我再问：是古书上的文章质量高，还是古碑上的文章质量高？因为把文章刻在石碑上，远远比写在纸上难、成本高，因此古书上的文章大概率没有刻在古碑上的文章质量高。

因为古人写书太难了，一般不会有低质量的古书。现在出书太容易，粗制滥造就难免。所以，古人可以说开卷有益，今天再说开卷有益就不一定对了。今天是不能乱读书的。

那么是像古代那样出书不容易、书的质量高好呢，还是像今天这样出书容易、书的质量低好？当然是今天好。今天并不影响高质量书的出版啊!今天多了选择，当然是好事。

美国对中国出口的衣服征收关税，那么中国出口衣服的质量会怎样变化？质量会提高。那么请问：这种提高是好事还是坏事？是坏事。因为不征收关税，高品质的衣服照样出口，征收关税后，低品质的衣服就不能出口了。

曾经，西方国家对中国香港的成衣出口实施配额管理。实施配额管理后，香港的成衣出口会有怎样的变化？第一，出口成衣质量上升了；第二，出口数量减少了。

还可以观察到无数的因为增加了固定费用支出，而选择高品质商品和服务的例子。

例如，在市中心的昂贵地段，是不会有经济适用房的。昂贵地段的房子，一定是高楼大厦。高楼大厦里，装修必然金碧辉煌。曾经有人提出一个问题：为什么商家做一些并没有实际用处的金字招牌？答案是：金字招牌一定是挂在豪宅上的。挂在豪宅上，金字招牌相对于普通招牌变得便宜了。既然金字招牌相对于普通招牌变得便宜了，那么你是选择金字招牌，还是选择普通招牌？

又如，你穿了身高档西服，不会配低档鞋子；你买了豪车，不会只做普通的车内装饰。因为，穿着高档西装，高档鞋子相对于低档鞋子变得便宜了；高档装饰品放在豪车里，相对于普通装饰品，也变得便宜了。比如某学院建设了园林式的美丽校园，实行学院、书院双院制办学模式，这无疑大大增加了办学成本。于是，你只需看这些投入，就知道学校一定是想要办一所独具特色的高水平的大学，正所谓好马配好鞍。

你可能说：“谢老师，你的解释是不是牵强附会，豪宅为什么装修也豪华，因为主人有钱啊，既买豪宅，也装修豪华。”可是我没有钱啊，为什么我不把高档上衣和低档裤子搭配在一起穿，而是高档上衣搭配高档裤子，低档上衣搭配低档裤子呢？

所以，不是一件事看起来讲通了，就是正确的解释，而是你的逻辑要能解释大量类似的现象，甚至还能根据约束条件的变化，用同样的逻辑解释完全相反的现象。

思考题

这一节讲的是“贵物离乡”，就是质量好的物品被卖到外地。上一节讲的是“物贱他乡”，就是外地售价比本地便宜。你能找一个外地售价比本地便宜、品质还比本地好的例子吗？

第十五讲 | 利息、收入与财富

一、利率的决定

问个问题：投资和消费是不是一回事？

你可能觉得，投资是投资，消费是消费，当然不是一回事。但实际上两者并非泾渭分明。例如，吃饭当然是消费了。但吃饭是否也是投资呢？如果你不吃饭，就不能干活，那么吃饭是不是投资呢？其实，消费品和投资品的区分，只是人们看事物的角度不同罢了。

投资其实也是消费，代表着明天的消费。美国经济学家欧文·费雪（Irving Fisher）在他的《利息理论》一书中有一句名言：投资是时间维度上的平衡消费。意思就是，投资其实也是消费，只不过是在时间维度上对于消费的一种权衡取舍罢了。**投资是放弃今天的消费，换取明天的消费。**

人们对于今天的消费和明天的消费，偏好程度是不一样的。按照费雪的说法，人们对消费有一个时间上的偏好，对今天的消费评价高，对明天的消费评价低；人们急于享受，急于消费。这种倾向被叫作不耐（impatience）。

给你两个选择：现在得到一个橘子，或者一年后得到同一个橘子，你选哪一个？你会选现在得到。苹果手机推出新产品，全世界都在抢，即便知道一年之后会降价，很多人还是会选择第一时间拥有，甚至加价也要买；影迷知道一部好电影要上映，要先睹为快。这就是不耐。

为什么会有不耐呢？这是因为未来具有不确定性。产生不确定性的原因有很多，如自然灾害、人为祸乱等。还有一个很重要的原因是人会衰老、生病和死亡。明天指不定会发生什么事情。明天的橘子，不只是要推迟消费，得等到明天才能吃这个橘子，有可能，明天根本就吃不上这个橘子了。所以只要其他情况不变，人们总是认为早一点消费比晚一点消费好，因为早一点是确定的消费，晚一点就是不确定性的消费。因此，有时候经济学家也喜欢称不耐为确定性偏好。

也可以这样讲，对早晚消费无所谓的人更容易暴露在不确定性的风险之中，在大自然亿万年的进化过程中，具有这种偏好的人就被淘汰了，因此剩下的就都具有不耐的偏好。

都想早一点消费，可是资源是稀缺的，因此，要想让人放弃现在的消费，那么就得给人补偿。例如，要我放弃A元的现在消费，除非给我A+B元的未来消费。这B元就是对我放弃A元现在消费的补偿，我们叫它利息。利息是对放弃现在消费的补偿。利息与本金的比值，我们称其为利率。

未来越不确定，补偿就要越大；消费推迟得越久，补偿也要越大。这时候利率就越高。所以兵荒马乱、高度不确定的年代，利率就高。乱世的时候，耐用品是不值钱的，日用品倒要涨价，例如文物就不值钱，粮食则必然涨价。因为过了今天不知道有没有明天，更不用说后天了，所以能享受要尽快享受。老年人和年轻人相比，老年人的不耐就比较强，年轻人的不耐则比较弱。年轻人能够看到更久远的未来，而老年人更愿意抓住不确定的当下。所以老龄化的社会储蓄率是不会高的。

利率是价格。利率不是物品之价，而是物品的时间之价，是提前消

费、优先享受的价格。

既然利率是价格，那么它也应该由供求两个方面来决定。

利率反映人性的不耐程度。利率低，说明人们的不耐程度低，不那么急于提前消费、优先享受；利率高，说明人们的不耐程度高，急于提前消费、优先享受。不管是不那么急于还是十分急于，都意味着人们想将未来的收入提前到现在消费。问题是，还得有人愿意将现在的收入延后到未来消费，才可能产生交易的机会，才可能形成市场。

实际上，资源有自然增长的趋势。一粒谷子，春天种下后，秋天会收获一穗稻子。于是，有人为了获取增长的收益，愿意延迟消费、进行储蓄和投资。这是利率决定的供给方面。

利率又代表投资的回报率。利率越低，人们延迟消费、进行储蓄和投资的意愿就越弱；利率越高，人们延迟消费、进行储蓄和投资的意愿就越强。

均衡利率决定在供求相等的地方。利息既是成本，又是收益。利息是延迟消费的报酬，是投资的成本；利息又是提前消费的代价，是投资的回报。

因此，认为利率低，生产成本就低，就能刺激经济增长的说法有失偏颇。利率低生产成本就低，这没有错。但是利率低也意味着投资回报率低，那么凭什么低利率一定刺激经济增长呢？决定生产行为的不是成本，而是收益与成本的对比。成本低，收益也不高，又怎么可能刺激投资和生产呢？前些年，中国的利率始终高，反映中国资本市场的回报率高。这也正是外资流入中国的原因。近几年，利率低下来了，跟前些年比较，经济增长率高还是低？外资流入是多了还是少了？

当然，也不是利率高就好，因为从需求的角度看，高利率说明人们不看好未来。

好的利率是市场决定的利率。只要是市场决定的，无论高低，都是好的，而人为干预的利率都不好。试图通过干预利率来刺激经济，是凯恩斯主义经济学产生的幻觉。利率不过是一个价格，如果操纵利率就能刺激经济，那操纵其他价格是不是也能刺激经济？

费雪讲的利息是纯利息。在费雪的概念中，即使没有货币也是有利息的。利息的存在不需要有货币，但要有市场。因为没有市场，就没有价格，也就没有利息、利率可言了。

纯利率由人们的时间偏好以及经济的生产效率所决定，人为是不可能干预得了的。

在竞争约束之下，各行各业的纯利率会趋同，就是说，各行各业的收益率会趋于相等。这个趋于相等的纯利率大约等于经济的实际增长率。但在实际生活中，利率却是高低不同、变化多端的。这主要有如下原因。

其一，实际生活中利息和交易费用无法区分开来，利率中包含了交易费用。例如，银行贷款利率比存款利率高，银行赚的这个差价就是交易费用的一部分。

其二，风险不同，利率也会高低不同。例如，存款是个人和企业把钱借给银行，银行信用相对好，风险小；贷款是银行把钱借给个人和企业，个人和企业信用相对差，风险高。于是存款利率低，贷款利率高。高利率反映了高风险，高利率是对承担高风险的一种补偿。①

其三，实际生活中多是用货币来计算利率的。用货币计算的利率叫作名义利率。名义利率受通胀通缩的影响。有通胀预期，利率会上升；有通缩预期，利率会下降。

名义利率=实际利率+通货膨胀率

---

① 钱不容易收回来，可以说是风险高，也可以说是交易费用高，但不可以既说风险高，又说交易费用高，否则就重复了。按张五常的意思，应该用交易费用的角度代替风险的角度，因为风险是大是小不容易度量，而交易费用相对来说容易度量，例如暴力收账显然就比和平履约的交易费用高。

这些因素加上市场上贷款需求和供给的变动，长期和短期的利率结构就变得复杂无比。

思考题

请你用从本书中学习的利息理论，说明为什么通过扩张货币来刺激经济的做法是错误的。

二、现值与未来值

上一节讲了，人们对不同时点的物品的评价是不一样的。

看起来，今天的1元是这张花纸片，明天的1元还是这张花纸片，似乎并没有区别；今天的1个苹果和明天的1个苹果同样都是苹果，似乎也没有区别。但实际上它们是不同的东西。不同时点的物品应该被看作不同的物品。今天的1元和明天的1元是不同的钱，今天的1个苹果和明天的1个苹果是不同的苹果。

不同的物品，当然不能直接加减、比较。可是，经济学是关于选择的学问，经常要加加减减、权衡比较，为此，需要把不同时点的价值折算成相同时点的价值。

有两种折算的办法：一种是把现值折算成未来值；另一种是把未来值折算为现值，后者也叫贴现（discount）。人们一般习惯于把未来值贴现为现值。

要理解贴现，最好是先理解怎么把现值折算成未来值。

假设现在有100元，这是现值，它在一年后的未来值是多少呢？

假设市场利率是10%，按照这个利率把钱贷出去，一年后它就变成100×（1+10%）=110元，即在利率为10%的条件下，现值100元一年后的未来值为110元。

两年后呢？注意，这里我们按照复利计算，即俗话说的“利滚利”，就是不只是100元本金会获得利息，第一年得到的10元利息也要获得利息。因此两年后的未来值是：

$$100\times(1+10\%)\times(1+10\%)=100\times(1+10\%)^2=121（元）$$

把上述例子一般化，则有下面的**未来值公式**：

$$FV=PV(1+i)^t \qquad (15.1)$$

式中，FV是未来值，PV是现值，i是利率，t是复利的次数。

公式15.1是指数函数。我们知道，指数增长具有超级强大的爆发力。例如，1776年《国富论》卖1.8英镑，那时的1.8英镑，到现在值多少钱呢？表15.1给出了不同利率和时间下的计算结果。

表15.1　1776年的1.8英镑在1876年、1976年、2021年所值

年利率	1876年	1976年	2021年
2%	13.03	94.46	230.31
4%	90.92	4591.35	26818.89
6%	610.74	207226.62	2852393.87
8%	3959.57	8710109.24	278030601.29

我们看到：如果利率高，时间又长，那么这种指数式增长简直让人无法想象。例如，按6%的利率算，1776年的1.8英镑就等于2021年的2852393.87英镑。

因此，“此英镑”怎么可能是“彼英镑”呢？只要看清了这一点，那么就不难理解，今天的1元和明天的1元其实是不同的钱，**不同时点上的物品是不同的物品。**

巴菲特说，富人和穷人的区别在于“睡后收入”：穷人只在上班时才挣钱，富人睡觉的时候、躺着也在赚钱。因此，年轻时要多储蓄一

点、做点投资。不要小瞧了这一点，年复一年，按照复利计算下来会产生巨大的差距。少壮要努力，成名须趁早，背后的道理也在这里。同学们今天在校园里，有的勤奋，有的贪玩，差别似乎并不显著，但40年后，差别就会非常明显。在上海和县城买房子，从一两年看差别不大，但二十年后巨大的差别就会显现出来。

利率高，时间长，那么指数增长的结果就会让人无法想象。反过来，如果利率被人为压低了，那么长期中，存款者就会承受无法想象的巨大损失。背后道理其实是一样的。

改革开放前，有人在银行存了1000元，40年后值多少钱？假设利率是3%，那么值：

$$1000\times(1+3\%)\times 40=3262.04（元）$$

网上有报道，有人40年前在银行存了1000元的定期存款，40年后取出来只有2700多元。40年前，1000元可以买一套房子，今天1000元能买什么？也许只够买一件稍好的衬衫。还记得上一节讲的纯利率大约等于经济的增长率吗？经济以9%的速度增长，银行只给储户3%的利率。何况由于通货膨胀，货币还大幅贬值了。显然，银行赚了大便宜。这也提醒我们：虽然年轻时多储蓄一点、做点投资是对的，但是在选择投资的方式时一定要慎重。

这都是不懂经济学的错，否则，怎么会以低利率把钱存银行40年呢？

这里自然也表明了通货膨胀、货币贬值在长期中对于储户的巨大伤害。

现实中不一定是一年复一次利，例如，高利贷往往是一个月复一次利。借入高利贷的人往往背负沉重的利息，甚至可能出现利息比本金还高的情况。除了因为利率高，还因为复利的次数多，利滚利使得利息以几何级数增长，像滚雪球一样迅速滚大。

有个故事：印度一名棋手和国王下象棋赢了，国王问他要什么赏赐，他说只要在棋盘的第一格里放1粒米，在第二格里放2粒米，在第三格里放2^2粒米，在第四格里放2^3粒米，直到填满全部64格。国王以为这是小菜一碟，没想到国库也满足不了这个要求。

复利使得利息以几何级数增长，让借款人背负沉重的负担。那么能不能因此就禁止高利贷呢？不能。除了法律应该保护签约自由，而不是破坏签约自由，更重要的是，根据供求原理，打击并不能消灭高利贷，只会使利率更高，使那些急需钱的人的状况更惨。但是，由于一般人都容易有货币幻觉，所以合同中写明到期应还的利息数额，也是应该的。看到还款数额巨大，有人可能就不借了。

几何级增长如此厉害，这可以解释，可为什么有的国家富有，有的国家贫穷？一个国家执行了正确的政策，经济稍快；另一个国家执行了错误的政策，经济稍慢，长期中二者的巨大差距就会显现出来。一个国家，只要不折腾，每年保持8%的增长，50年后就能成为发达国家。这也说明，执行错误的政策、瞎折腾的代价将是巨大的。

我们的最终目的是把未来值折算成现值。把上面讨论过的问题倒过来，假设一年后有100元，这是未来值，它相当于现在的多少钱呢？我们假设它相当于现在的PV元。

可以这样来思考这个问题：将PV元的钱在借贷市场上借出去，在10%的利率下，一年后连本带息恰好100元，即$PV\times(1+10\%)=100$，这样我们就可以求得：

$$PV=\frac{100}{1+10\%}=90.91$$

如果是两年后的100元呢，那就是$PV\times(1+10\%)^2=100$，即：

$$PV=\frac{100}{(1+10\%)^2}=82.64$$

假设i是市场利率，那么一般来说，t年后的FV元，其现值为：

$$PV=\frac{FV}{(1+i)^t}$$

贴现在投资中具有重要的意义。这里暂不展开，下一讲我们再详细讲述这个问题。

思考题

为什么物理学、化学不将不同时点的物品看作不同的物品，经济学却要这样做？

三、收入、资本与财富

费雪有句名言：**收入是一连串的事件（Income is a series of events）。**

农民秋天收割稻子，这是收入。但这收入不是在秋天的一刹那完成的。犁地、播种、施肥、除草、灌溉……每一件事都在创造收入，每一天、每一秒都在创造着收入。多年后，你们中有的成功、有的一般，差别不是多年后才产生的，你们今天所做的点点滴滴都在起作用。

费雪又说：凡是能够带来收入的都是资产，机器、厂房、劳动、知识技能、动听的歌喉、漂亮的脸蛋、美丽的身姿等，都是资产，而资产的市值就是资本。

那么资产的市值等于多少呢？我们说，**资产的市值等于未来收入流**

的现值之和。

例如，我的经济学课程每年能给我带来10万元收入，10年后我才退休，假设市场利率是6%，那么根据上一节讲的贴现公式计算，我的经济学课程的市值等于：

$$\frac{10}{1+6\%}+\frac{10}{(1+6\%)^2}+\cdots+\frac{10}{(1+6\%)^{10}}\approx 73.61\text{（万元）}$$

注意，资本是收入流的现值之和，不是收入流之和，我的经济学课程的市值是73.61万元，不是100万元。设想，谢老师长生不老，永不退休，那么谢老师的经济学课程值多少钱？值：

$$\frac{10}{1+6\%}+\frac{10}{(1+6\%)^2}+\cdots+\frac{10}{(1+6\%)^n}+\cdots=\frac{10}{6\%}\approx 166.67\text{（万元）}$$

一般地，假设一项资产每年能带来收益R，市场利率为i，那么这项资产的价格P为：

$$P=\frac{R}{i}$$

你看，即便我不退休，工作到地老天荒，我经济学课程的市值也并不是无穷大，而只有166.67万元。又如，一块土地，在可预见的未来，甚至几千年，上万年，依然有经济价值，但地价不会高不可攀，有些还特别便宜。比如，澳大利亚一个大型农场有20万公顷，售价7500万澳元，一亩地才卖124元人民币。在马来西亚，有的土地产权是永久的，有的则只有99年，猜一猜，房价有没有差异？有，但没有你想象中的那么大。

古语云：人生不满百，常怀千岁忧。但实际上，不管人们嘴上怎么说，行动却是诚实的。人生不满百，不管千年事。人具有不耐的倾向，人们对未来的收入要打折扣，太久远的未来对现在影响微弱。

我请同学们算一算：假如市场利率不是6%，而是2%，我的经济学课程的市值会是多少？

这里，我们引入财富的概念。资本是未来收入流的现值之和。除了未来的收入，你还有现在的收入。财富是现在的收入加未来收入的贴现，也就是说，财富是所有收入的贴现。当然，现在可以视为很短，短到现在的收入近乎为零，于是财富和资本就相同了。

收入是流量，财富、资本是存量。流量有时间维度，例如，你说我的收入是10万元就没有确切含义，是多长时间收入10万元？如果说我一年收入10万元，就有确切含义了。

不妨借助物理学来讲述存量和流量概念。通过一根水管往水池里灌水，一段时间内经由水管流进水池的水量就是流量，而某个时点上水池里水的数量是存量。流量可以相加，例如，一个小时流进1立方米，两个小时就是2立方米。但存量不可以相加，例如，9点时的存量是1立方米，10点时的存量是2立方米，这两个数值不能相加。不过存量之间可以相减，它们的差就是两个时点之间的流量。例如，10点时的存量是2立方米，9点时的存量是1立方米，二者之差是9点到10点这一小时的流量。所有流量加起来，就是最终的存量。

在物理学中，我们可以把不同时段的流量直接加总而得到存量，但经济学研究的是价值问题。由于人具有不耐的偏好，并且资源具有自然增长的性质，今天的1元不等于明天的1元，因而要把未来收入贴现然后才能相加总。这是经济学和物理学的重要区别。

收入有时间维度，不仅有远近之分，还会有高低之别。人们完全可以放弃某一时期的收入，换取另一时期更高的收入。例如，人年轻时不急于上班，而先去读大学，换取大学毕业后挣得更高的收入。因此，如果我们说追求收入最大化，那么就会模糊不清。但是将所有收入贴现，加起来求得财富，再把这个财富乘以利率，就得到另一种收入，我们称其为恒常收入。所谓恒常收入，就是一个人一生的“平均收入”。而用来计算恒常收入的确定不变的利率，可以理解为各期变动不居的利率的一个“平均值”。

恒常收入=财富×利率

说追求恒常收入最大化又是可以的，追求恒常收入最大化和追求财富最大化是等价的。

一方面，财富乘以利率是恒常收入；另一方面，财富乘以利率是利息，因此，利息与收入相等。费雪还有一句名言：**利息不是收入的局部，而是收入的全部（Interest is not a part of income, but the whole of income）**。

既然利息不是收入的局部，而是收入的全部，因此**要增加一个人的收入，唯一有效的办法就是增加这个人的资本存量**。所谓收入分配不均衡的问题，根本上是资产占有上不平衡的问题。

一个人勤俭节约、积累财富，是积累资本；刻苦读书、苦练技能，也是积累资本。普天之下女孩子莫不把自己打扮得漂漂亮亮，率土之滨男孩子无不让自己显得潇洒阳刚，这还是在增加资本存量。即使择偶婚配，也不忘记通过基因传递增加下一代的资本存量。

费雪的伟大之处在于把资本概念一般化了。过去我们认为，机器是机器，厂房是厂房，牛是牛，马是马。但在费雪看来，机器是资产，厂房是资产，牛是资产，马是资产，凡是能够带来收入的都是资产。于是，对于众多涉及资本的话题，就可以有新的理解。

由于财富和资本都要用市场利率来贴现求得，因此**没有市场，财富和资本的计算就成为难以克服的大问题**。这再一次证明，马云、刘强东的大数据时代可以搞计划经济的说法是完全错误的。没有市场，数据不只是没有经济含义，其本身甚至都无法计量获得。[①]

思考题

通过这一讲的学习，你对财富有怎样的新的理解，从而对人生有什么新的规划吗？

① 人与人之间消费观念是不同的，有的人“月光”，喜欢“今朝有酒今朝醉，明日无米明日忧”，有的人，少壮时每一分钱都精打细算，决不乱花，到老时家财百万；有人喜欢平滑消费，还有人喜欢跌宕起伏。另外，不同的职业，收入有重大起伏变化。例如，有歌女、医生、文员三个职业，歌女年轻美貌时收入特别高，但年纪大了收入开始下降，到后来变得“门前冷落鞍马稀”；医生求学之际收入是零，跟着做实习生收入也不高，四十岁成名后，收入滚滚而来；文员的收入则基本没有起伏，终生平淡无奇。那么在职业的选择上，一个人应该怎样取舍呢？

按费雪的意思，无论一个人消费倾向如何，也不管职业收入如何变化起伏，他都应该选择使财富最大化的职业，然后他可以借助借贷市场，或者先借入后偿还，或者先借出后收获，来实现自己想要的消费路径，并且还能确保一生的总消费达到最大化。这被叫作分离定理。

我们知道：利率越高，未来值的现值越低；利率越低，未来值的现值越高。就是说，利率不同，先获得还是后获得收入对于财富有重大影响。因此，如果利率高，那么就应该追求尽早获取收入；如果利率低，那么可以选择延后获取收入。发展中国家利率高，于是吃青春饭、挣快钱的人就多。发达国家利率低，于是学医学、学法律，选择先学习后就业的人就多。随着经济发展，大学的普及率会逐步提高。这也是说，要解决辍学率高的问题，办法是发展经济。

第十六讲 | 资产价格决定

一、资产价格超前变动

第十五讲告诉我们，假如红利固定，每年为R元，市场利率为i，那么股票的价格P为：

$$P=\frac{R}{i}$$

公式是指均衡状态。但是，**如果已经处在均衡状态，那么就没有赚钱的机会了。**股价是资产价格，资产价格由预期决定，具有先行变动的特征。股票价格会先于利率而变化。就是说，如果i是市场利率的话，那么上面的共识很多时候并不成立。更准确地讲，应该将公式中的i理解为预期市场利率。所有资产市场都具有超前反应的特点。**投资恰恰要捕捉各种变化，先行作出反应。**

前些年，中国经济世界第一好，然而股市却乏善可陈。2014年以来，中国经济面临巨大的下行压力，可是股市从2014年7月到2015年6月，反而走出了一波大牛市。很多人不理解，认为中国股市不正常。其实不正常的不是中国股市，而是我们的错误认识。

股市会超前实体经济而行动，前些年的股市不是对前些年经济的反映，而是对今天经济的反映。同样今天的股市不是对今天经济的反映，而是对未来经济的反映。前些年经济好，股市却不好，这是因为前些年的股市是对今天经济下行的反映。所以说股市是经济晴雨表的说法不准确，它应该是预期经济的晴雨表。

股市跟当下经济没有必然联系。当下经济好，可是未来经济差，股市表现就不会好。当下经济差，可是未来经济会变好，股市表现就会好。当下经济不好，反而可能成为做多股市的理由。因为当下经济不好，政府就要扩张货币、刺激经济，股价反而可能上涨。

请牢牢记住：**资产价格由预期决定，具有先行变动的特征。**

房价要跌还没跌，股价已经先跌了，当房价真跌的时候，股价还跌不跌？不跌了，除非房价下跌的程度超过了之前的预期。经济要下滑还没下滑，股价已经先跌了，当经济真下滑的时候，股价还跌不跌？不跌了，除非经济下滑的程度超过了之前的预期。

美元要加息还没加息，黄金已经先跌了，当美元真加息的时候，黄金还跌不跌？虽然不能说一定不跌，但大概率已经在底部区域了，除非美元加息的程度超过了之前的预期。

美元要加息还没有加息，美元指数已经上涨了，当美元真加息的时候，美元指数还涨不涨？不涨了，除非美元加息的程度超过了之前的预期。

美元要加息还没有加息，各国货币对美元已经贬值了，当美元真加息的时候，各国货币对美元还贬不贬？不贬了，除非美元加息的程度超过了之前的预期。当然，人民币例外，因为中国的国情不同，人民币汇率的形成机制不同。

原保监会主席项俊波被抓，保险股会怎样？大概率见底了。因为股市超前反应，在调查项俊波的时候，保险股就已经开始跌了。既然已经提前跌了，抓了项俊波后，保险股还会再跌一次吗？

银行、企业、地方政府坏账还没有暴露，利空股市；一旦暴露了，可能反而利好股市了。因为在坏账充分暴露以前，市场已经对其作出反应了。只要不存在系统性金融风险，当坏账真的暴露的时候，就意味着要见底反弹了。

资产价格决定于预期。**没有被市场预期到的信息才影响股价，已经被预期到的则早已融入股价中了。**

降准、降息是利好吗？不一定，第一次是，而且是重大利好，但是第二次第三次就未必。这是因为，第一次降准、降息给市场传递了货币从此将走向宽松的预期。第一次降准、降息后市场的上涨，不只是对这一次降准、降息的反应，也是对其后一系列降准、降息的反应。因此一般来说，第一次降准、降息后市场会大涨；第二次、第三次再降准、降息的时候，因为前面已经提前上涨过了，自然就不再涨了，甚至还有可能下跌。

同样的道理，提高准备金率、加息也不一定是利空。第一次是，而且是重大利空，但是第二次、第三次就未必了。第一次和第二次有本质的区别。

从历史上看，降准、降息后60%的概率股价是下降的。如果你不明白这个道理，以为降准、降息就是利好，就去买股票，你买，庄家卖，于是“见光死”就发生了。

“见光死”说的就是股市具有超前反应的性质，也就是利好被市场预期到了后提前做了反应，等到利好兑现的时候，股市反而要下跌。我们也有“利空出尽是利好”的说法。利空被市场预期到了后提前消化了，当利空落地的时候，就不再是利空，而变成利好了。

所以，F10（上市公司的非行情信息）中的信息对于做股票基本上没什么意义。因为这些信息已经反映到股价中了。相反，我们倒是可以通过股价走势来推断F10中信息的变化。

那些市场上所谓的利好消息，很有可能是利空。因为好的消息等传到散户的耳中，就变成利空了。反之，那些市场上流行的所谓利空消息，很有可能是利好。这并不是说信息不重要，而是**要仔细甄别是不是第一时间的信息，市场对其是不是已经做过反应了。**

当然，一件事算利好还是利空，要依趋势而定。上升趋势中“利好是利好，利空也是利好”，下降趋势中“利空是利空，利好也是利空”。关于这个问题，我在讲成本的时候分析过。

思考题

资产价格由预期决定，具有先行变动的特征。你能否再找一个验证这个观点的例子？

二、资产价格过度波动

资产与普通商品和劳务不同。普通商品和劳务是用来直接满足人的需要的，因此其需求有上限。例如，我一天最多吃六个馒头，再多，就是不要钱白送，我也不吃了。资产是能够带来收入的一切东西。人们之所以需要资产，不是希望用它来直接满足自己的需要，而是希望它带来收入。这样，人们对于资产的需求就没有上限。这是资产价格过度波动的原因之一。

不仅如此，人们在贴现未来收入的时候存在很大的主观性，这也使资产价格易于波动。

假设某人持有一张3年期的债券，票面金额为1000元，每年可获得固定利息100元，已经持有了2年，现在要卖出这张债券，其价格是多少呢？

那我们要问：该资产的未来收入流的现值之和是多少？未来1年从这张债券获得的收入是100元利息和1000元的本金返还，如果市场利率是6%，那么它们的现值之和就等于

$$\frac{100+1000}{1+6\%}\approx 1037.74\text{（元）}$$

就是说，假如市场利率是6%，那么这张债券的市场价格就等于1037.74元。

在《利息、收入与财富》一讲中，我们推导出如下贴现公式：

$$PV=\frac{FV}{(1+i)^t}$$

注意，我们一直都是用市场利率在进行贴现，但实际上，不同的资产有不同的风险，不同的人拥有的信息不一样，对经济前景的判断也不一样，市场利率未必能准确反映这些差异，因此这个i需要根据实际情况来估计。由于它是用来贴现的，因此又被称为贴现率。记住，虽然我们经常用市场利率进行贴现，但其实贴现率可以不等于市场利率。

比如有一个人，他心中的贴现率是8%，那么贴现后该债券值

$$\frac{100+1000}{1+8\%}\approx 1018.52\text{（元）}$$

另一个人，他心中的贴现率是4%，那么贴现后该债券值

$$\frac{100+1000}{1+4\%}\approx 1057.69\text{（元）}$$

你看，仅仅因为人们心中的贴现率起了变化，资产价格也会发生变化。

假如这张债券卖1037.74元，那么前一个人就觉得贵了，会选择卖

出，后一个人又觉得便宜，会选择买入。这就是为什么在资产市场上，价格再高，也有人买，价格再低，也有人卖。资产价格是未来收入流的现值之和，人们对未来的评价不一样，于是就产生了交易的机会。

债券的未来收入是确定的，但还有一些资产，其未来收入不确定。例如股票，因为既不还本，也没有每年支付确定股息的义务，其未来收入要根据交易者自己掌握的有关公司经营、行业前景、宏观形势等信息来估算。这样的资产，其价格波动就会更大。

请问：股市大跌，街道还是那街道、房子还是那房子、工厂还是那工厂，为什么说财富少了几万亿元？股市大涨，似乎一切也都没有变，为什么又说财富增加了几万亿元？

答案是：人们预期的未来收入流变化了。表面上，街道还是那街道、房子还是那房子、工厂还是那工厂，但实际上，它们创造未来收入流的能力不同了。

在《历史与现实》一讲中我讲过：由于“历史成本”不是成本，因此，即便做多一只股票整体是亏损的，但是一旦集中了筹码，形成上升趋势，那么继续拉升就是一件低成本、高收益的事情；即便做空一只股票整体是亏损的，但是一旦卸掉了筹码，形成下降趋势，那么继续砸盘就是一件低成本、高收益的事情。因此在股市等资产市场上，趋势为王，涨就一定要涨够，跌也一定会跌透。

资产市场的上述特点意味着，资产市场存在明显的时空转换规律：首先，牛市和熊市之间有一定的时间间隔，各自都会持续一定的时间，不会快速转换，并且必定有一定的涨跌空间；其次，上一轮的大牛股，在新一轮的上涨中，再次成为大牛股的概率就小了很多。

这也带来一个有趣的话题：大跌过后，是买跌得多的股票呢，还是买跌得少的股票？不同的人有不同的看法，长线和短线也有不同的做法。做短线，我倾向于买跌得少的股票。

我们没有考虑通货膨胀的影响。如果把通胀因素考虑进来，那么资产价格就更加复杂多变了。

王国维讲，词以境界论高下。而我要说，投资理财，要以格局论高下。那当今最大的格局是什么呢？是纯信用货币制度的推行，是货币超发、流动性泛滥、虚拟经济游离于实体经济之外自我循环、自我膨胀。这一点，我请大家牢牢记住。

人们常说，股市是经济的晴雨表。在金本位制下，股市的确是经济的晴雨表，但在当今纯信用货币制度下却未必。当今股市是资金的晴雨表。一般来说，经济形势好，股市也会好，因为企业红利回报会高。但是反过来不一定成立，不能说经济不好，股市就一定不好。纵观世界各国，经济高速增长的时代，虽然股市也涨，但不是上涨最快的时期；反倒是经济高速增长结束之后，股市大幅冲高。为什么会这样？因为经济不好，政府会扩张货币来刺激经济，然而实体经济不可能靠扩张货币就刺激得起来，钱最终进入股市推高股价。中国股市十几年如一日，似乎有例外，实际上并没有。在中国，钱最终进入房市推高了房价。

你看美国股市，华尔街金融危机爆发后，经过短暂的下探，然后一路走高，走到今天。2020年大多数国家经济负增长，可是股市却屡创新高，因为各国发了大量的纾困资金。

在美国，非农数据不好了，股市黄金反而大涨。为什么？因为大家认定经济不及预期，美联储加息和缩表的节奏就会慢下来，于是股市就涨了。

再看委内瑞拉，经济已经崩溃了，股市还上涨600%，就是因为货币超发。

因此，股市已经不是经济的晴雨表了。那些抱着“股市是经济的晴雨表”不放的人，必然踏错节奏，不是错失良机，就是踏进陷阱。在当今纯信用货币时代，影响资产价格的最主要的因素是当局的货币政策。

这使资产价格又多了一个外生的货币扰动因素。

思考题

除了上面列举的，还有哪些导致资产价格过度波动的因素吗？你能否再举一两个例子？

三、套利与无差异原理

现在，我们考虑不同资产之间的选择。有两种办法进行这样的选择。

其一，现值规则。同样一笔钱，投资两个项目，哪个项目收入流的现值大，就选择哪个。如果两个项目初始投入不一样，那么比较收入流现值和初始投入的比值，谁大选谁。

其二，收益率规则。假设项目需要投入成本C，每年能带来R_t（$1\leqslant t\leqslant n$）的收入，那么求解下面的方程，得到i，这个i就是该项目的收益率。然后选择收益率最高的项目就行了。

$$C=\frac{R_1}{1+i}+\frac{R_2}{(1+i)^2}+\cdots+\frac{R_n}{(1+i)^n}$$

至此，你能体会到利率、贴现率、增长率本质一样，只是看问题的角度不同了吗？

收入流的现值之和等于资本，这就是说，利润为零。在前面，我曾提出一个问题：利润为零，经济怎么会有增长呢？你看，利润为零，经济还是有增长的，增长率为i啊！

问个问题：在“理想”的没有交易费用（包括没有风险）的环境中，不同项目的收益率应不应该相同呢？答案是：应该相同。在《利率的决定》一节中，我讲过在竞争约束之下，各行各业的纯利率会趋于相同。那一节我只给出了这一结论，并没有给出具体证明。

道理是这样的：假如甲项目的收益率高，乙项目的收益率低，那么人们就会放弃乙项目，去争夺甲项目，甲项目的成本就会上升，收益则会下降，相应地，乙项目的成本会下降，收益会上升；反过来也一样。在竞争之下，最终两个项目的收益率就会趋于相同。

这个过程叫作套利。在现实世界中，利己的个人在不断寻找套利的机会。例如，无论是超市新开结账闸口，还是机场安检新开安检闸口，你都会看到，马上有一群人向新的闸口奔去，在非常短的时间内，新开闸口排队的人数和已开的闸口持平。因此，无论你是在超市准备结账，还是在机场准备过安检，去任何一个闸口，速度几乎没有差别。

由于存在套利活动，因此，如果一项资产是流动的，那么在长期均衡中，该资产在哪里都将获得一样的收益。这就叫作无差异原理。无差异原理可以解释很多生活中的现象。

例如，现在网约车非常普遍，不少出租车司机认为网约车使自己收入下降了。但实际上，按照无差异原理，出租车司机与大货车司机或者从事非司机工作的人的收入是一样的。网约车的出现，的确对出租车业务造成很大的冲击。在短期，出租车司机的收入会减少，一些出租车司机就会退出该行业，出租车的供给就会减少。但从稍长一点时间看，出租车司机的收入又会恢复。因此，只要替代性职业的收入没有变，那么网约车就不会影响出租车司机的收入。

那么谁是网约车的“受损者”呢？答案是，出租车牌照的拥有者。举个例子，学校门口的水果店生意非常好，许多人的第一反应是这家水果店赚了很多钱。但实际上不是这样的。因为地段好，商人对这个地段的争夺会非常激烈，这使得该地段的房租不断上涨，最终，商人在该地段经商能赚到的收益与在其他地段持平，而房东拿到了好地段的全部好处。

当遇到不利的情况，流动性高的资产会逃离，损失主要由流动性差的资产承担。当网约车出现后，部分出租车司机会退出这个行业，长期看，出租车司机并不受任何损害。但是，开出租车的人少了，出租车公司的收益会减少，出租车牌照的价值会下降。前面讲税负分担的时候讲过，弹性低的承担更多的税负，是一样的道理。当遇到有利的情况，流动性高的资产会蜂拥而至，但在竞争之下，最终它们只得到行业的平均利润，好处归流动性差的资产。

股票价格与市场利率反向变化的关系，也可以通过无差异原理推导出来。

P元钱，既可以用来购买价格为P元的股票，获取红利，也可以在借贷市场借出去获取利息收入。假设红利固定，每年为R元，市场利率为i，两者的收益应该相等，即$iP=R$。于是

$$P=\frac{R}{i}$$

实际上，不同项目的收益率是否相同呢？一般不会。不同项目收益率的差异反映的正是交易费用（包括风险）等的不同。

没有风险，你把钱借给任何人利率都应该是一样的。但实际上，你把钱借给银行，利率会低一些；借给个人和企业，则会高一些，因为前者风险低，后者风险高。没有风险，投资股票的收益率和投资债券的收益率应该相等，但实际上不等，因为风险不同。

所以投资的真理是，高收益对应高风险。较高的收益是对承担风险的补偿，是为了让别人承担较高的风险而支付的价格。不能违反这个原理。一切违反这个原理的事情都是诈骗。

格雷欣法则说劣币会驱逐良币。但实际上，这是一个只见现象不见本质的说法。

劣币不能驱逐良币。在理想的状态下，劣币和良币的收益率是相等的。你用劣币支付，支付的数目就要大一些，用良币支付呢，数目会小一些。使用美元，要1美元；使用人民币，就要6.7元。但不管使用美元还是人民币，用汇率折算下来，代价是相同的。

这是理想的没有交易费用的情况。如果存在交易费用，例如，鉴定良币、劣币有成本，那么的确会出现劣币驱逐良币的现象。但实际上，良币也可能驱逐劣币。国民党统治的后期，大家都使用美元、黄金，而放弃使用金圆券，这就是良币驱逐劣币的例子。那么是不是又要搞一个良币驱逐劣币的定律？那岂不是每一个现象都要对应一个定律了？

明明看到劣币驱逐良币，你却要得出结论：劣币不能驱逐良币。这才是学问。当然，良币也不能驱逐劣币。在理想的状态下，不同资产的收益率是相同的，二者应该等价才对。

在理想的状态下，不同资产的收益率相同。这是一个极其重要的基准。这才是我们要掌握的定律。在这个基准、定律之上，加上不同的约束条件，就可以得出不同的结论：如果鉴定良币、劣币有费用，又不能拒绝劣币，那么劣币驱逐良币；如果可以拒绝劣币，那么良币驱逐劣币；如果鉴定良币、劣币费用为零，那么根据货币含金量确定它们的比价，二者等价。

我们看得到的是不同资产的收益率不相同，但这只是现象。现象不等于理论。我们应该掌握的是现象背后的理论。理论上，不同资产的收益率应该相等。

思考题

假设某国有A、B两个地区，原先两地处于均衡状态，但从某一刻开始，A地区的经济快速增长，请用套利和无差异原理分析：这会对两地的工资和房价（房租）造成怎样的影响？

第十七讲 | 垄断与反垄断

一、关于垄断的两个误解

第一个误解就是垄断消除了竞争。

通俗地讲，垄断就是独占。学术一点的说法，垄断是指拥有市场势力，能影响和控制价格。与垄断相联系的是产品的差异性——只要产品存在差异，一定程度的垄断就总是存在。习惯上，人们认为垄断消除竞争，但在第八讲中我们已经讲过：竞争与稀缺性相伴而生，只要资源是稀缺的，又有两个以上的人，那么就总是包含着竞争。垄断并不能消除竞争，只是改变竞争的方式——不是在一个给定的市场上进行残酷的价格竞争，而是竞争如何才能进入市场中去。

产品存在差异，就没有可以完全替代的产品，需求曲线就向下倾斜，那么多少总是可以影响和控制价格（见图17.1）。张伯伦讲：产品差异总是存在的，这种差异可以是客观的，也可以仅仅是心理上的。比如，我卖自己的签名书，我太太也卖我的签名书，但很多人就是愿意通过我买，这就是心理产生差异的例子。因此，一定程度的市场力量总是存在的，一定程度的垄断总是不可避免的。

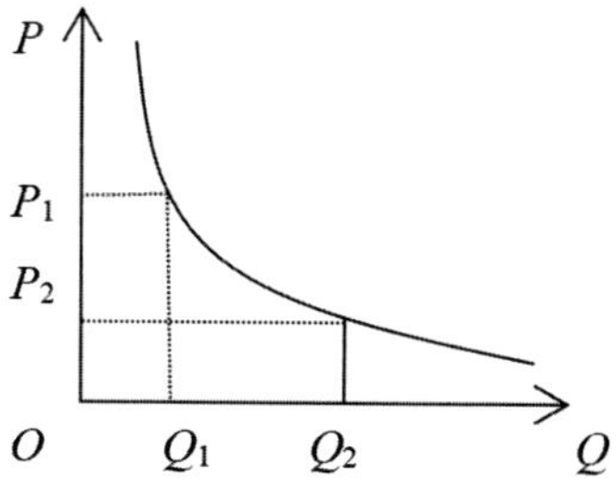

图17.1 价高少卖，价低多卖

不是所有的竞争都是好的，有的是生产性的、租值增值的竞争，有的是非生产性的、租值消散的竞争。垄断也不一定都能赚钱。比如邓丽君的歌声举世无双，她唱一个小时可以挣几十万元。而我的歌声也独一无二，可是，我倒贴钱请你们听我唱歌，你们也不会愿意。所以张五常才说：天生有才乃垄断，市场无价谁费心。

很多人把竞争和厂商数量联系起来，认为厂商数量越多，竞争就越激烈。可是，农民的数量非常之多，手机制造商则屈指可数，难道农民竞争的激烈程度超过手机制造商？请问：是农产品在降价，还是手机在降价？是农民破产率高，还是手机制造商破产率高？

其实，看得见的竞争对手并不可怕，潜在的竞争对手才真正可怕。是谁让联通取消长途漫游费的，是移动吗？是谁让移动取消长途漫游费的，是联通吗？或者，是主管部门让它们取消的吗？都不是，是以前根本就不做电话业务的腾讯公司，是微信让它们取消的。现在人们都用微信打长途了，不取消还有意义吗？

垄断真的就没有替代选择？在没有汽车、飞机的日子里，铁路肯定是垄断了，那是不是真的就没有替代选择了呢？在没有铁路的年代里人们是怎么出行的？那时的出行方式是不是对于垄断铁路的替代？因此，不是真的没有替代选择，而是那些选择跟铁路相比成本高、不方便，被人们放弃了。正确的看法是，铁路垄断本身就是人们选择的结果。

互联网有网络效应，具有赢者通吃的属性。可即便如此，也不能消除竞争者。曾经以为购物平台会被淘宝一统天下，谁知京东、拼多多紧紧跟上，并大有超越之势。曾经以为支付宝会独占移动支付领域，谁知微信支付很快分走半壁江山。所以没有谁能真正消灭竞争者。

既然经济学假设人人追求约束下的利益最大化，又认为垄断对于垄断者大有好处，那么一定是人人都想成为垄断者。人人都想成为垄断者，怎么可能没有竞争呢？只要没有人为的进入限制，潜在竞争就总会存在。潜在竞争也是竞争，甚至是更激烈的竞争。逻辑上，只要没有人为的进入限制，那么应该**越垄断，越竞争；越垄断，竞争越激烈**——垄断不是竞争的“灭火器”，而是竞争的“助燃剂”。换言之，垄断恰恰是竞争的结果，即人人争当垄断者的结果。

第二个误解是垄断会导致高价格、低质量，造成低效率。

我们知道，高垄断利润的存在，永远都是在鼓励潜在竞争对手进入。弗里德曼明确讲道：垄断高价等于在补贴他所有的潜在竞争对手。高价格本身就在消灭高价格，高利润本身就在消灭高利润。由于最可怕的是潜在的竞争者，因此，**垄断者哪敢要高价，他的最优策略一定是尽可能低价，让潜在竞争者无利可图，不敢进入。**

微软独占了电脑操作系统几十年，可是操作系统便宜得人人都用得起。为什么有大量盗版软件存在？因为微软默许它存在！盗版软件几乎零价格，微软垄断高价了吗？

洛克菲勒标准石油公司1880年垄断了美国95%的煤油市场，而在接下来的10年间，煤油价格从每加仑1美元降到每加仑10美分。洛克菲勒标准石油的垄断同样没有导致高价格。

英特尔公司在PC机芯片市场一直是一家独大，处在绝对垄断地位。但IT业的人都知道，芯片每18个月其运行速度要增加一倍。这被叫作摩尔定律。提出摩尔定律的人正是英特尔联合创始人戈登·摩尔。人们甚至提出新的价格摩尔定律，即每过18个月，价格还要降一半。

更何况，高垄断利润未必是坏事。一个企业靠发明新技术、发现新市场赚了大钱，怎么可能是坏事？不偷、不抢、不骗，自由买卖，怎么就不是赚钱越多贡献越大呢？

试问：没有铁路的高垄断利润，哪有空运的产生？靠创新获取垄断利润，等于动员天下英雄好汉加快发明替代。鼓励创新不好吗？那为什么反对高垄断利润？

有人说，垄断会阻碍创新。英特尔的垄断地位阻碍它创新了吗？既说垄断有高利润，又说垄断会妨碍创新，这显然矛盾。当然，不是所有人都认为垄断会妨碍创新，熊彼特就认为垄断有利于创新。

或许有人会说：假如靠独有要素获得垄断地位，高垄断利润就不能鼓励创新。难道高价格能够产生一个新的龙井村吗？即便是龙井，也不是没有替代。黄山毛尖、福建乌龙，甚至雀巢咖啡，都是替代品。垄断者不可能随便提价，因为他们要受需求曲线的约束、受替代选择的制约。

学术研究不应受到人们固有成见的影响。避免的办法，是回到原始状态来观察事物。

请问：在没有铁路垄断的年代，运输成本更高还是更低？只会更高，否则铁路就不可能形成垄断。铁路本来降低了社会的运输成本，然而被认为有罪，遭到反对，这真是比窦娥还要冤。

所谓垄断高价完全是错觉。垄断是人们自愿选择的结果，真正把竞争对手“杀下马来”的不是垄断者，而是消费者用钞票所做的选择。因此垄断怎么可能价格更高呢？

人人都想成为垄断者，要垄断，谈何容易，厂商不提供价廉物美的商品和服务，怎么可能把竞争对手“杀下马来”？因此，我们不但不应该反垄断，反而要清醒地认识到，只要没有人为的进入限制，那么越垄断，越竞争；越垄断，越有效率。人人都在追求垄断，怎么能反垄断呢？

思考题

请找一个垄断的例子，和原始状态比较，看看垄断是提高了效率还是降低了效率。

二、垄断不同于行政垄断

前面讲过，只要没有人为的进入限制，那么越垄断，越竞争；越垄断，越有效率。

那么假如存在人为的进入限制，是不是就消除竞争了呢？

这就涉及行政垄断。行政垄断是借助行政手段人为设置进入壁垒，只许我干，不许你干。例如，只许部分企业经营电信业务，不许其他企业经营。那么，行政垄断是否就消除竞争了？

答案是没有。行政垄断也只是改变了竞争的方式：不是努力提高品质、降低价格，取悦消费者，而是竞争怎么样获得官方支持。行政垄断的问题正是限制了市场进入，改变了竞争方式。

其实，**导致“降低品质、收取高价”的不是垄断，而是行政垄断。**

很多垄断，恰恰是产权的题中之义，保护产权与保护这些垄断具有一致性。

产权的核心是专有使用权、专有收益权和自由转让权。产权的基本特征就是排他性专有，仅仅排他性专有，就可以派生出垄断来。排他性控制是经济秩序的支撑点。如果两个以上的主体声称对同一幢房子拥有同等产权，那么就会天下大乱，就不会有经济效率和经济增长。

主流经济学既要保护产权，又要反垄断，就是没有将二者兼容。龙井茶要依靠特有水土和气候才能生产出来，既要保护特有气候和土壤的产权，又不让龙井茶垄断，这是卖矛又卖盾。

产权保护的是产权主体对于其资源的排他性权利，但这种保护要以不妨碍他人行使产权为条件。在市场上，有众多的卖家和买家，各有各的产权，行使起来不免互相影响。甲和乙都是卖家，竞争导致价格下降。在这个意义上，甲乙双方都受到对方的“损害”。能不能为了保护甲的产权，将乙逐出市场？不能，因为那样就侵犯了乙的产权。能不能为了同时保护甲乙双方，就下令提高市价？也不能，因为那样就侵犯了买方的产权。

那么，能不能为了保护消费者，就下令降低市价，也就是所谓的反垄断？同样不能，因为那样就侵犯了生产者的产权。在市场上，政府只能遵循普遍保护产权的原则。

普遍保护产权，政府就不能轻言反垄断。因为某种特有要素投入，因为发明专利、版权或者商业秘密，甚至因为大规模固定投入导致的成本递减和规模经济，所导致的垄断都是不可以反对的。否则必然破坏产权。

阿拉伯垄断了大量石油，你可以抱怨上天不公，但石油输出国联合起来，以卡特尔形式操纵石油开采量，却是正当行为。如果说为了保护消费者的利益，就可以限制这种结盟，那为什么应该保护的是消费者的利益，而不是生产者的利益？难道只是因为前者人多，后者人少，要保护多数人的利益，就可以损害少数人的利益？①

市场上确有一些结盟，但其目的不是消除竞争，而是为了提高效率。典型的例子是律师事务所。一般认为，律师事务所是一家企业，但它恰恰是多个本来可以独自开业的律师，通过缔结价格同盟而形成的。这个结盟不是为了消除竞争，而是为了提高效率。直觉就能告诉我们，顾客是跟分散的一个个律师联系业务更有效率，还是通过事务所更有效率。如果说价格同盟或勾结定价必然有害，那么反垄断执法者首先应该

---

① 2020年油价暴跌已经证明，只要没有人为的进入限制，即使有卡特尔操纵石油开采量，也不能无限获取垄断高价。控制石油开采量、提高油价的结果是生物柴油和页岩气、页岩油的大量开发。所以垄断从来都不可怕，可怕的是人为的进入限制。

去控告多合伙人的律师事务所。

至于捆绑获利，既然能对垄断品索要高价，那就直接索要好了，何必要通过捆绑其他商品来进行呢？给垄断品绑上其他商品，等于把垄断品价格推得过高了，必然会减少需求，最终只会不利于垄断者。垄断者只能收取一次垄断利润，再收取一次就是给自己找麻烦。

薛兆丰在《商业无边界》中讲得好，果真通过捆绑能增加利润，那么畅销书的作者为什么不一页纸印一个字，卖故事的同时，也赚点卖纸张的钱呢？垄断者的利润最大化策略，不是去接管相关产品市场，而是去促进其他厂商之间的竞争。互补品的成本越低，垄断者在自己的产品上赚得就越多。正因为这样，微软自己不生产计算机，却鼓励戴尔、惠普、索尼、联想和其他厂商激烈竞争。

IBM早年出租计算机的时候，要求顾客使用专用的数据输入纸卡。这是捆绑销售。然而这样做不过是为了节约度量计算机使用频率的成本，并不是要延伸垄断力。二十年前，电脑用户安装完操作系统后，还要分别安装调制解调器驱动程序、内存管理程序、SD-ROM驱动程序、多媒体播放程序等，今天这些都被捆绑在一起，这无疑极大地提高了效率。

严格来讲，世界上不仅没有非垄断的企业，也没有非捆绑的产品。如果顾客要支付商品的每一个附件和组成部分，而不是支付一个完整的最终产品，那么费用常常高得吓人。

微软虽然在操作系统市场上占据优势，却未必能将这个优势嫁接到其他产品上。Windows 95曾经附带了一个特别难用的传真程序，结果大多数用户就另行安装其他传真软件。由此可见，微软之所以能够成功捆绑浏览器，并不是借助操作系统的市场优势，而是其浏览器本身就是好产品。二十年前，美国政府起诉微软在操作系统中捆绑了互联网浏览器，并认定操作系统和浏览器是两个产品。然而今天再看，不提供互联网浏览器的操作系统倒是个假冒伪劣商品。先入为主地定义一个产品的边界，已被证明是迂腐、短视和过时的行为。

为什么厂商对零售商设置最低零售限价？因为一件产品，除了物理属性，还包括服务，如演示、解释和退货承诺等。提供这些服务有助于销售，但是需要支付成本，从而推高零售价。如果不规定零售价下限，那么提供服务的零售商就会被不提供服务的零售商占便宜，即顾客跑到环境舒适、提供产品演示、有售货员现场解答问题的零售商那里去看货，然后到不提供服务但售价较低的商店购买。结果必然是谁也不提供服务，从而总体上减少了销量。厂商限制零售商搞价格竞争，目的是避免“搭便车”，鼓励零售商们在价格以外的销售服务上竞争。

真实世界产品的设计纷繁复杂，定价行为变化多端。**厂商有权设计、捆绑自己的产品，为自己的产品定价，然后与客户达成自愿的交易。任何其他人都没有权力，也没有能力对此作出安排。**

千万不要将垄断和行政垄断混淆。垄断是市场竞争的产物，行政垄断是反市场竞争的产物。垄断是普遍产权保护的产物，行政垄断是破坏普遍产权保护的产物。它们水火不相容，根本不是同类事物。真正应该反的是行政垄断，而不是垄断。

思考题

“所有经济活动都不能违背产权，否则逻辑就不自洽了”，你认为应该怎样理解这句话？

三、反垄断没有客观标准

反垄断在当今世界大行其道。无疑，错误的反垄断经济学为反垄断实践提供了错误的理论支持。然而反垄断更多的是政治决策的结果。“一将功成万骨枯”，竞争失败者从来都是多数，这些市场上的失败者，会转而在政治上寻求反垄断立法。这是反垄断法案频频被通过的重要原因之一。

根据麦克切斯尼（F. S. McChesney）在《简明经济学百科全书》中对“反托拉斯”条目的介绍，在美国以私人名义提起的反垄断诉讼数量是政府的20倍，可见，反垄断法本身早已成为各方假公济私的工具。可是，我们根本就找不到一个客观的反垄断标准。无论是行业边界，还是地域边界，又或者是价格高低，我们都找不到一个客观的判断标准。

例如，如果从信息工业看，微软仅占1%；将市场范围缩小为软件工业，微软占4%，还比不上IBM；只有特指个人电脑操作系统市场时，微软的份额才上升到80%以上。那么垄断的行业边界在哪里呢？欧盟在其反微软垄断的反驳声明中修改市场界限，把过去10万美元以下的服务器市场改成2.5万美元以下的服务器市场。市场划小一点，微软的份额就大一点。可是，为什么不是10万美元以下，不是5万美元以下，而是2.5万美元以下？

又如，一个村只有一个理发店，但是出了村，扩大到镇上，就有十几个理发店，那么垄断的地域边界该怎么划？是按局部市场来划，还是按全球市场来划？局部的边界又在哪里？

如果说价格高就是垄断，那么什么才是合理的价格？买者永远都想出低价，卖者永远都想要高价，什么叫合理价格？**自愿交易就是合理价格。**舍此，没有什么客观的标准。

一般认为，价格偏离边际成本就是高。问题是，自然垄断情况下按照边际成本定价，企业会亏损。这时，他们又说，在这种情况下按照平均成本定价才是合理的（见图17.2）。

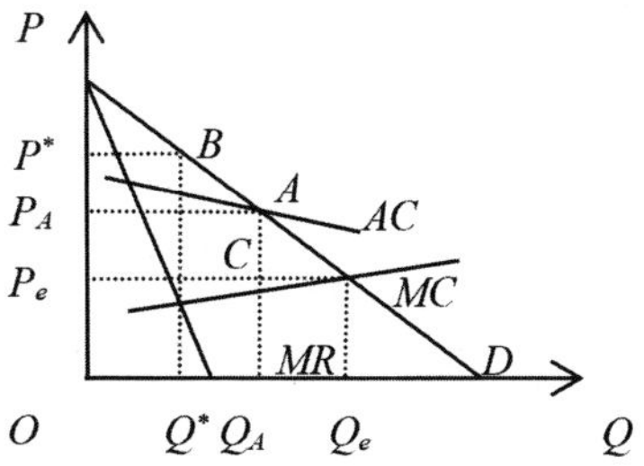

图17.2 垄断效率分析图

上述认识的荒谬之处在于，他们一方面承认成本是机会成本，另一方面又说价格高于成本、价格低于成本。可是真认可机会成本概念的话，产品的价格难道不是决定于并且始终等于成本吗？又何来价格高于成本、价格低于成本之说呢？

上述认识错拿“历史成本”当成本了。当然，你可以说：他们在这里所说的成本，就是指生产成本，即预期成本。可是，没有价格低于预期生产成本的道理。

一言以蔽之，以价格是否偏离边际成本来作为效率标准本身就不科学。而直接以价格高低来判断垄断与否，同样没有客观标准。科斯就说：**我被反垄断法烦透了。假如价格涨了，法官就说是垄断定价；价格跌了，就说是掠夺定价；价格不变，又说是勾结定价。**

没有客观标准，就很难判断企业规模是不是过大、是不是过度集中，定价是不是合理。正因为如此，几乎所有的反垄断官司不仅旷日持久，而且判决结果也具有很大的不确定性。

1937年，美国联邦政府控告美国铝公司涉及近140项反垄断违法行为。经过4年时间、传召了155名证人、安排了1803次展示和写下了58000页法庭文件后，地区法院法官除对其中2项罪名持保留意见外，推翻了其他全部指控。而欧盟对微软发起的反垄断调查，更是长达十年之久。有趣的是，美国司法部曾经也对微软进行过反垄断调查，然而在

2001年被美国上诉法院驳回了。耗时费力进行的反垄断调查，欧盟和美国的判决竟然相互矛盾。

没有客观标准的反垄断只会增加官员的自由裁量权，欧盟既可以在1998年，对违反竞争规则的足球世界杯组织机构处以象征性1000欧元罚款，又可以在2004年对微软狮子大开口处罚5亿欧元，那么几个反垄断官员的开价权该怎么约束？

在真实世界中，价格联盟或勾结定价的出现恰恰是政府管制准入造成的。中国电信在改革拆分之前，对话费的统一定价就是例子。大量本来不可能成功的价格同盟，恰恰是由于政府支持才得以长期维系。在美国，从酒类贩卖、行医制药，到牛奶、花生、葡萄、烟草、棉花的生产，一概由受政府支持的卡特尔操纵。工会则更典型。1934年美国通过的瓦格纳法，不仅授予工会罢工的权力，还授予它阻止非工会会员替补受雇的权力。有时，甚至连暴力阻止别人上班都是合法的。司法者相信，只有这样，才能确保工会的谈判力不受影响。很自然地，在美国，工会是不受反垄断法约束的，理由是劳动力不是商品。旨在阻止对手增产和降价的价格同盟，究竟合不合法？需要大家认真思考。

没有行政手段，经济社会不可想象。但是，经济社会中的很多问题反过来又因为行政管理而起。

就算行政手段能够改善经济，我们也必须谨慎使用。因为大多数的行政机构会被管辖的企业和当事人所俘虏。历史证明，行政管理从来都不是垄断的克星，相反，倒常常是垄断的根源。依靠经济力量形成的垄断不仅有益无害，并且总是很快被新的经济力量摧毁，但非经济力量造成的垄断，也就是行政垄断，则不仅真正有害，而且总是根深蒂固，积重难返。

现实复杂多变。正因为情况复杂，才需要简单明了的准则。在反垄断政策的制定和执行中，应该坚守如下原则：普遍保护产权，反对市场禁入。反垄断的要害是消除强制性准入障碍，以此为界，不越雷池一步。也就是只反行政垄断，不反其他。

思考题

请用一个真实的反垄断案例，说明反垄断官司的随意性。

第十八讲 | 外部性与公共物品

一、外部性问题的本质

外部性是指：一个人使他人受损，却无须为此承担代价；一个人使他人受益，可是没有收获相应的回报。

外部性当然是相互影响，但相互影响并不都是外部性。例如，一个苹果，我买了，你就不能买了，我当然影响你了，但这种影响不叫外部性，因为我为我的行为付出了代价。

外部性分正外部性和负外部性。负外部性就是给他人制造了额外成本的外部性。例如，企业排污伤害了居民，这是成本，但是企业没有承担这个成本。从社会的角度来说，成本等于企业的生产成本（私人成本）加上排污对居民的伤害，这个成本大于企业的私人成本。就是说，负外部性的情况下社会成本大于私人成本（见图18.1）。正外部性就是给他人带来了额外收益的外部性。例如，养蜂对花粉传授有好处，会增加粮食产量，使农民收成增加，但这个收益并不归养蜂人所有。从社会的角度来说，收益等于养蜂人收获的蜂蜜（私人收益）加上因蜜蜂授粉而增产的粮食，这个收益大于企业的私人收益。就是说，正外部性的情况下社会收益大于私人收益（见图18.2）。

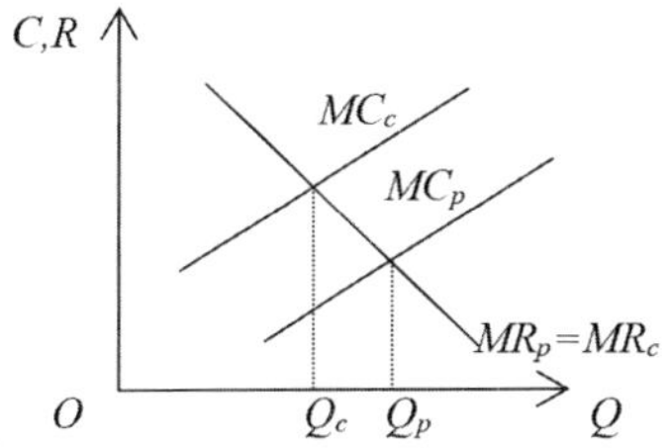

图18.1 负外部性

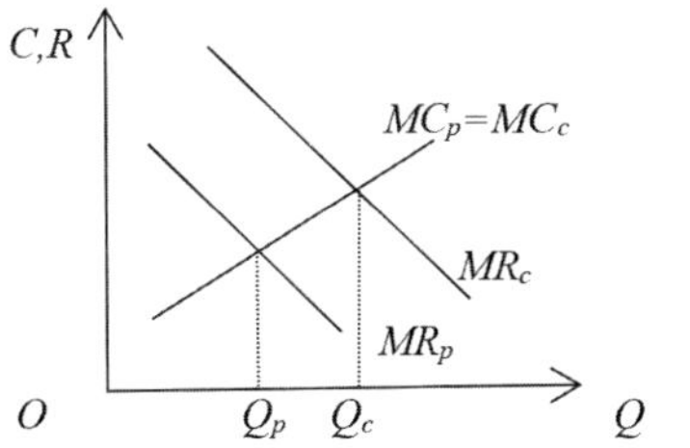

图18.2 正外部性

最优产量在边际收益等于边际成本的地方。

在负外部性情况下，个人最优产量为Q_p，社会最优产量为Q_c，Q_p大于Q_c，因此资源存在过度配置 。例如，企业只考虑自己的利润最大化，不考虑对于环境的污染，确定的最优产量是Q_p，可是对社会来说，污染也是成本，把污染考虑进来，社会成本就高于私人成本，最优产量应该是Q_c，个人最优产量大于社会最优产量，因此资源存在过度配置。

在正外部性情况下，个人最优产量为Q_p，社会最优产量为Q_c，Q_p小于Q_c，资源又配置不足。例如，养蜂人只考虑自己的利润最大化，不考虑蜜蜂授粉对于农作物的增产作用，确定的最优养蜂量是Q_p，可是对社会来说，因蜜蜂授粉而增加的粮食也是收益，把这个收益考虑进来，最优产量为Q_c，个人最优产量小于社会最优产量，因此资源又配置不足。

传统经济学认为，当存在外部性的时候，市场就不能有效配置资源。这被叫作市场失灵。

怎么办呢？庇古说，应该对产生负外部性的企业和个人征税，抑制其经济活动；给产生正外部性的企业和个人补贴，鼓励他们多生产，使得个人的最优产量与社会的最优产量相一致。这个税被人称作庇古税。

传统经济学的这个分析存在重大逻辑缺陷。

科斯定理讲得明确，如果产权清晰，交易费用又低，那么会有市场解的。以企业排污为例，居民一定会找企业谈判：你少排一点污，我们给你赎金，可以吗？假如企业一意孤行，就是要排污，那么就放弃了居民给的赎金。就是说，表面上排污对居民造成的伤害是社会成本，实际上还是企业自己的成本，因此所谓的资源过度配置也就不会发生。张五常的《蜜蜂的寓言》一文告诉我们：养蜂人和农民之间的确存在市场交易。所以，并非政府干预的结论一定就错，而是庇古分析的逻辑得不出那样的结论。庇古不考虑交易费用，又说有无效率，逻辑上讲不通。

首先，不是存在外部性就一定有社会福利的损失。其次，也不是凡外部性问题都需要政府干预，而政府干预就一定能纠正外部性、实现社会最优。最后，更不是外部性就代表了市场失灵。

例如，我抽烟，让你被动吸入尼古丁，这是外部性。但你不是木头，怎么会听任我污染你呢？你一定会找我谈判：谢老师，你少抽一支烟，我给你一元钱好不好？如果我一意孤行，就是要抽这一支烟，那么就放弃了你给我的那一元赎金。那么你说，我抽烟对你造成的伤害是你的成本，还是我自己的成本？当然是我自己的。通过赎买，我的个人最优的抽烟量恰好等于社会最优的抽烟量，外部性没有了，消除了。

当然，你也可能不找我谈判，因为谈判要花时间，还可能难为情，而那一点尼古丁微不足道，不值得谈。这种情况下确实有外部性，但是否就有无效率发生呢？没有啊，因为要避免外部性发生，支付的成本大于获取的收益，自然是听任外部性不管反而有效率。

根据科斯定理，我们不难得出结论：外部性只可能在产权界定不清晰，或者，虽然产权界定清晰，但是谈判、签约以及合约执行成本太高的情况下才可能存在。

我要强调的是，只要产权清晰，即便存在外部性，也没有无效率发生。我在前面反复讲过：在产权清晰界定的私域，有明确的受益人、受害人，一定是有效率的，无须他人管，他人也无权管。产权清晰，有明确的受益人、受害人，第三方再去管，岂不是侵犯他人的产权了。所以，哪里是凡外部性都会有效率损失都需要政府干预这么简单。

女孩漂亮，让我养眼了，这是正外部性。那么要不要鼓励她们美容呢？姑娘美丽，让别的女孩黯然失色，这是负外部性。那么要不要限制她打扮呢？一方面，正外部性要求鼓励女孩们打扮；另一方面，负外部性又要求限制她们打扮。那么到底应该鼓励，还是应该限制？

漂亮有正外部性，难道说姑娘就不把自己打扮得最漂亮？不是。尽管有外部性，姑娘仍然会把自己打扮得最漂亮。在这种情况下，即使不考虑科斯的市场解，私人的最优选择也正好是社会的最优选择，根本没有传统分析所说的正外部性情况下资源配置不足的问题。

简单来说，**只要边际上没有外部性，即使边际内有巨大的外部性，那么也不会出现私人最优选择和社会最优选择不一致的问题。而如果交易费用为正，那么即使边际上有外部性，也不一定有无效率。**可以说生活中处处充满了外部性，但是不是都有无效率产生？完全不是。关于这个问题，下一节我还要详细讨论。

产权清晰，有明确的受益人、受害人，有外部性也不是问题，主人会自行解决。如果主人听任不管，就意味着这样反而有效率。只有产权无法清晰界定时的外部性才是需要关注的问题。就是说，私域里也可能有外部性，但这不是问题，只有公域里的外部性才是问题。这样的外部性问题，究其原因，又是因为事前界定产权有费用。因此，**所谓外部性问题，本质上是这样一种权衡取舍：要么支付事前的界定产权的费用，要么承受事后的外部性代价。**

既然如此，要想完全消除外部性，不仅是违反效率原则的，也是不可能的。

再说一遍，**外部性不是问题，真正成为社会问题的，是公域里的外部性。**

思考题

开动脑筋想想，有多少种解决外部性问题的办法。

二、传统外部性分析搞错了方向

主流经济学本来是要证明市场能够有效配置资源，但是当遇到外部性问题的时候，经济学家们不知如何面对，就把它处理成一种例外，认为是导致市场失灵的原因之一。

但这完全是搞错了方向。主流经济学家们忽视了，身处社会之中，人们之间的联系是普遍的，每个人的行为，甚至存在，都对他人造成影响。这种影响是一种客观存在。如果真的像外部性概念所描述的那样：一个人使他人受损，却不用为此承担代价；使他人受益，可是不能收获相应的回报；那就是说，人们对彼此的相互影响视而不见、听之任之，那么不要说社会福利最大化了，甚至人类生存都会成问题。

可人不是木头，怎么可能对他人给自己带来的好处或者损害听之任之、放任不管呢？

外部性概念所揭示的不良后果只应该是事物的一种初始状态，只是一个分析问题的起点、参照。例如，我们弄清摩擦力为零的世界是什么样，目的只是以此为起点、参照，弄明白摩擦力不为零的世界是什么样。又如，我们弄清零交易费用的世界是什么样，只是为了以此为起点、参照，弄明白正交易费用的世界是什么样。因此，**经济分析的重点，应该放在人们是怎么协调彼此之间的相互影响的，即人们是怎样避免外部性概念所揭示的不良后果的。**

既然人与人之间相互影响，私人成本与社会成本之间存在分离，那么人们一定会想办法来协调彼此之间的关系，来减少这种分离，这是约束下利益最大化公理的定义性规定。

其实，人类的一切制度都是用来协调人们之间的相互关系的，或者说，都是用来协调人们之间的相互影响的。假如不涉及人与人之间的相互关系、相互影响，那么就不需要制度了。

有数之不尽的协调人们之间相互影响的办法。当然要注意，**外部性问题不是要消除相互影响，而是要每个人为自己的行为负责任。**所以好多相互影响不是我们讨论的外部性问题。

人们想到了用市场来协调。蜜蜂有助于授粉，农民就向养蜂人付费，让养蜂人多养蜂。这正是张五常《蜜蜂的寓言》一文的内容。小朋友吵着我了，我就给他们几元钱，让他们去远处玩。

人们想到了用道德来协调。公众场合高声喧哗被认为是不道德的，人自然就会约束自己。

人们想到了用法律来协调。抢劫杀人要受到法律的惩罚，自然就有所忌惮。

人们想到了用政府来协调。小区的公共广场，可不可以跳广场舞，什么时间段可以跳，这显然是一个外部性问题。大家选出业主委员会，由业主委员会代为决定，这就是政府解决外部性问题的雏形。企业污染空气、河流，我们选出政府，然后政府代为决策管理。

人们想到了用一体化的办法来协调。养猪场排污，污染了附近的鱼塘，可以把鱼塘卖给养猪场，或者把养猪场卖给鱼塘，合二为一，两个产权主体变成一个，自然也就消除了外部性。

人们还可能对彼此的影响听之任之。比如你吸烟，让我们被动吸入尼古丁，我们却听之任之、不做反应。这是因为相对于所获得的收益而言，我们让你不吸烟或者少吸烟的谈判费用太高，不值得做出反应。在这种情况下，私人成本与社会成本的确有分离，但这种分离不是无效率，恰恰是有效率，因为要避免私人成本与社会成本分离得不偿失。

类似的还有，你在野外烧烤、开车占道、奇装异服让我看着不顺眼……这些都是外部性。但到底是听任外部性发生有效率，还是干预有效率？因为干预的成本太高、收益太小，得不偿失，因此听任外部性发生反而有效率。一言以蔽之，**由于有交易费用，因此就不能说外部性一定导致有无效率产生。**

人们还可能听任外部性在局部产生，通过多次的局部外部性来最终消除外部性。例如，我免费使用微信，这是外部性。读者免费读我的文章，这又是外部性。然而读者读文章时看了我卖书的广告，买了我的书，书款又在腾讯公司停留几天，一圈下来，每个人又都付了费，得到了相应的回报，因而也就消除了外部性。所以局部看有外部性，整体看就没有外部性了。

甚至，还有你想都想不到的协调人们之间相互关系、治理外部性的奇异做法。

张五常给出过一个生动的例子：钢琴家在家中弹奏钢琴，自得其乐。钢琴家根据自己的边际收益曲线和边际成本曲线决定弹奏时间，假设他的最优弹奏时间是4个小时。邻居是个知音人，一边免费听着音乐，一边做着她的家务。邻居知音人听音乐的边际收益逐步递减，假设到第4个小时的时候正好为零。由于邻居知音人一边做她的家务，一边免费听音乐，她听音乐的机会成本为零，因此她的边际成本曲线是横坐标轴。到第4个小时的时候，钢琴家达到了最高效用，邻居知音人正好也达到了最高效用。**边际内，私人收益与社会收益存在大分离，但是边际上没有分离，结果是私人最优和社会最优完美一致，没有所谓的无效率产生**（见图18.3）。

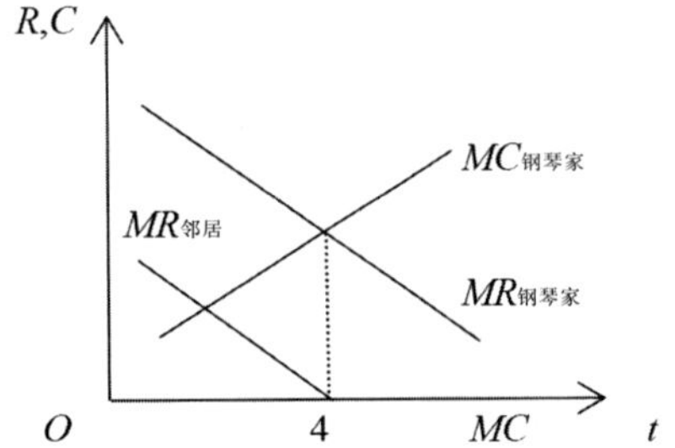

图18.3 边际上没有成本分离，就没有所谓的无效率

表面上，张五常的例子有点特殊，实际上有一般性。

例如，生活中大量事物都服从正态分布，个体会向总体均值趋近。大高个的儿子大概率比其矮，小矮个的儿子大概率比其高。绝大多数成年人每天睡8小时，断不会你睡0小时，他睡1小时，他睡2小时……他睡24小时，均匀分布。绝大多数人白天活动，夜里睡觉，断不会一半的人白天活动夜里睡觉，一半的人白天睡觉夜里活动。这可不是因为昼夜分明之故。没有黑夜，人们活动和睡觉的时间也会集中并固定于某个时段。

个体向总体均值趋近，就是一种外部性解决机制。换言之，如果历史上真有不是接近而是远离总体均值的个体，那么早就被外部性给淘汰了。假如大高个的儿子比他高，他的孙子又比他儿子高，那么一代一代传下去，住不了宾馆，串不了门，早憋屈死了。

中国有句古语：物以类聚，人以群分。这种现象实在不少见：富人大都集中在富人区，穷人大都集中在穷人区；世界有国家和民族地区之分，具有相同文化和价值观的人集中居住在一起，居住在一起的人们会形成相同的文化和价值观；中国人到了美国，要集中居住在唐人街；找对象结婚，要门当户对……“物以类聚，人以群分”就是要使个体具有接近总体均值的特征，正是解决外部性的手段。

可以说，**不是外部性导致市场失灵，恰恰相反，因为有了市场，才大大减少了本来广泛存在的外部性。**市场、道德、政府……都是解决外部性的手段。

市场需要条件，条件之一是产权清晰界定。在产权不能清晰界定的情况下，市场根本就不存在。这是市场缺失，不是市场失灵。市场不是万能的，但是没有市场失灵这回事。

外部性既不是一个无用的概念，也不是像主流经济学所说的那样，是一个导致市场失灵需要政府干预的东西。两百年来人们用错了外部性概念。外部性概念只是我们分析问题的一个起点、参照。外部性只是经济起点上的一种初始状态。当然，人们有可能放任外部性不管，这时起点和终点就没有差异。但实际上，人们还是治理了，只是选择的治理方式是不治理。外部性消失，是人们对初始状态治理的结果。外部性存留，也是人们对初始状态治理的结果。

思考题

外部性概念应该作为经济分析的起点、参照，你能否举一个类似的例子？

三、公共物品

我们首先介绍公共物品（public goods）和私人物品（private goods）的概念。这两个概念特别容易让人望文生义。如果你以为私人物品是私人用的商品，公共物品是大家用的商品，或者以为私人物品是私人提供的商品，公共物品是政府提供的商品，那就大错特错了。

私人物品最关键的特征，是一个人用了，其他人就不能用了。经济学把这个特征叫作竞争性。公共物品相反，一个人用并不影响其他人也用。我们说，公共物品具有非竞争性。

一个苹果，我吃了你就不能吃；一支笔，我在用你就不能用。所以苹果、笔是私人物品。

歌曲是公共物品。一首歌，我哼你也可以哼，可以很多人同时哼。我的经济学课也是公共物品。你听不影响他听，可以几千人同时听。在出现现代导航技术以前，大海中航行的船需要岸上的灯塔导航。一条船使用灯塔，并不影响其他船使用，所以灯塔也是公共物品。

当然了，并不是物品要么具有竞争性，要么不具有竞争性，非此即彼。从竞争性到非竞争性之间是连续变化、不断减弱的，从完全竞争性到竞争性较弱，直到完全没有竞争性。

城市中有大量的物品，例如绿化带、广场、道路，一定程度上都具有非竞争性，是公共物品。但超过一定程度，一个人使用又影响其他人使用，例如当道路已经拥堵的时候，一个人使用就影响他人使用，道路的公共物品属性就下降了，其私人物品属性则上升了。

有没有竞争性，竞争性是强还是弱，这是区分公共物品和私人物品的一个关键标准。

我们还可以根据排他的难易程度对公共物品和私人物品做另外一个维度的区分。

排他性属于产权概念，是指使用权、收益权、转让权等排他性权利。保护产权有难有易。有的商品，物主能够方便地不让他人使用。有的商品，物主却不容易把其他人排除在外。

例如，歌曲的排他成本就高。你是作曲家，创作了歌曲，但是很难不让他人哼唱。

鱼塘里面的鱼，首先具有竞争性。一个人捕了这条鱼，其他人就不能再捕这条鱼了，所以它具有竞争性。但是在一个很大的鱼塘，实际上你很难把其他人赶走。

一种物品，如果排他成本高，那么公共物品属性就强；反之，公共物品属性就弱。

注意，在谈论竞争性的时候，我们使用了“公”“私”的字眼，但实际上，**竞争性只涉及物品的物理属性。**你用我就不能用，物品就具有竞争性；你用不影响我用，物品就具有非竞争性；跟“公”“私”扯不上半点关系。只不过大家这样叫惯了，我们就沿用这样的叫法。而**排他性涉及的则是物品的经济属性。**属于我的东西，不经我允许，即使我不用，你也不能用。另外，本书对公共物品的定义与流行的讲法有所不同，请留意二者的差别。

表18.1根据产品的竞争性强弱和排他成本高低做了分类。

表18.1 产品竞争性强弱和排他成本高低分类

	排他成本低	排他成本高
竞争性	衣服、文具、食物	鱼塘、地下水
非竞争性	有线电视、收费软件、道路	歌曲、开源软件、灯塔

衣服、文具、食物是典型意义上的私人物品，歌曲、开源软件、灯塔是典型意义上的公共物品。

按照传统的观点，公共物品排他成本高，难收费，私人不愿提供，因此存在市场失灵。而且，由于非竞争性，一个人使用不影响其他人使用，因此如果收费，就会减少社会福利。

以灯塔为例。按照萨缪尔森的观点：如果你非要对使用灯塔的船只收费不可，哪怕你只收很少的钱，总有一些比较穷的船主给不起这个钱。如果他不能利用灯塔发出来的光芒，这船就可能迷失方向，遭遇损失。因为无论多少船只在使用这个灯塔，边际成本都不会增加，而如果你限制别人使用，带来的损失可能是巨大的，因此灯塔应该由政府提供，让船主免费使用。

传统的观点是：公共物品应该由政府提供，而且应该免费使用。

可是科斯认为，萨缪尔森讲的是黑板经济学，是他想象出来的。实际上灯塔由私人提供，在英国早就有了。私人从政府那里拿到特许以后，就修建各种各样的灯塔。

你可能会问：私人修建灯塔，他们怎么收回成本呢？科斯告诉我们：灯塔的建造者在码头收钱，船只只要停靠在码头，就有人在那里等着收钱。当然会有过路的船只，明明使用了灯塔，却远远地离开了，无法对其收费。可是，并不需要对每一条船都收费。

再说了，也可以不直接向船只收费。如果把允许私人经营的范围扩大，让其经营整个港口，那么为了繁荣港口经济，吸引船只来港口，私人就会有积极性“免费”提供灯塔。

另一个例子是公共厕所。如果没有广告管制，允许在公共厕所做广告，企业其实可能提供“免费”公共厕所，然后通过广告取得回报。法国一家广告公司就在这样干，而且很成功。

今天在中国，由于限制地方政府扩张债务，因此地方政府就和企业合作建设新城。企业出钱建设，通过税收分成获取收益。企业当然没有积极性只建道路、绿化带。但是，一旦扩大经营范围，允许企业经营整个城市，它就会有积极性提供道路、绿化等公共物品。浙江省宁波市奉化区的一个开发区就是以这种方式建设的。不妨去看看，道路、绿化、公园等公共物品是不是提供得更充分、更合理。道理不难理解，不把这些公共物品建设好，就没有企业进驻和个人入住，那么公司怎么赚钱呢？河北保定有一个小城镇也是由企业搞起来的。我想例子应该还有很多。

很多时候，我们所认为的市场失灵，其实是管制限制了人们的选择，并非市场真的失灵了。

萨缪尔森的分析只注意到灯塔的光芒一个人用不影响其他人用，收费会减少社会福利，却忽视了建造灯塔、维持灯塔的运作都需要耗费大量的资源，不仅免费是不现实的，而且政府花他人的钱，投资效率难免低下。因此，也就得不出政府“免费”提供公共物品的结论了。

科斯的灯塔故事告诉我们一个道理：虽然不排除某些公共物品需要由政府提供，但是，有很多公共物品，其实是可以由私人来提供的，而且私人是有积极性去提供的。

当然，当私人提供公共物品的时候，这种物品就从表18.1的第三行第三列移动到了第二行第二列。也就是说，**公共物品的分类其实依赖于我们看事物的角度。从一个角度看，某种物品是典型的公共物品，但是**

放宽视野再看，其公共物品属性又可能会减小。

思考题

角度不同、视野不同，物品的公共物品属性就可能不同，你能再举一个例子来说明吗？

第十九讲 | 信息不对称、逆向选择与道德风险

一、逆向选择与市场失灵

信息不对称有两种类型，一种是事前的信息不对称，另一种是事后的信息不对称。这一节讨论事前信息不对称的问题，这部分也叫逆向选择理论。

我们先来介绍阿克洛夫的“柠檬市场”理论。柠檬就是我们吃的水果柠檬，它在美国也是个俚语，意思是指那些成交了以后买家才发现有问题的汽车。

我们知道，买一辆汽车特别是二手车，有什么毛病，不是买车的时候就能够发现的，有时候你要开上一段时间，甚至要开上一年，经过四季气候的变化，才知道它到底有哪些问题。那么在这种情况下，二手车市场会有什么情况发生呢？“柠檬市场”理论回答的就是这个问题。

假定有100位二手车卖家，他们要卖出自己的二手车。同时，市场上还有100位买家，他们想要二手车，而且，如果能够确认车的质量，这些买家对每一辆车的估值都比卖主要高。由于对于任何一辆车来说，

买家的估值都比卖家的高，因此，只要买家能够确认车的质量没有问题，也就是没有信息不对称的问题，那么这100辆车就都能够顺利地卖出去。

但是，假如只有卖家知道车的质量，而买家只知道这100辆车的平均质量，却没有办法知道具体一辆车的质量，那会发生什么样的情况呢？

这个时候，设想你是买家，你会怎样出价？你一定只会按照平均质量出价。于是，那些质量高于平均水平的车的卖家就会选择离开市场，他们不卖了，市场上就只剩下比较低端的汽车。

但买家能够理性预期到这一点。既然好车都不在市场上出卖了，于是买家又进一步调低他们的期望值。这个过程循环往复几次，卖家就都跑掉了，车市也就不存在了。

假如信息是对称的，每一辆车就都能顺利卖出去。只是因为信息不对称，市场崩溃了，买家和卖家皆大欢喜的局面不复存在了。

概言之，在旧车市场上，卖者知道车的真实质量，买者却不知道。既然买者不知道真实质量，他就只能按照平均质量来出价。但这样一来，那些车的质量高于平均水平的车主就会退出市场。既然如此，那么买者就只会按照剩下的车的平均质量来出价……一路推下去，就会出现市场因为信息不对称而消失的情况。

由于存在事前信息不对称，质量好的产品会选择退出市场，留下来的就都是质量差的产品。因此，习惯上人们把事前信息不对称问题叫作逆向选择问题。

注意，市场之所以崩溃，并不是因为市场里面有低端产品。有低端产品不重要，低端产品可以卖低价。市场崩溃的根本原因在于买家不知道每一件商品的具体品质。

阿克洛夫把信息不对称导致逆向选择称为市场失灵。主流经济学一直沿袭这种说法，并且将其和垄断、外部性一并称作市场失灵的三大原因。当然，我们已经对后两个原因进行了否定。

你很难想象，这么一种理论会得诺贝尔经济学奖。因为在现实中，瓜子二手车、优信二手车，还有众多其他火热的二手车市，已经打破了信息不对称导致“二手车市场萎缩”的结论。

有一年，我开车外出，路上轮胎被扎破了，只能就近到一个修理厂去补胎。令我大吃一惊的是，这个规模不大的汽车修理厂，居然醒目地挂着提供二手车买卖中介服务的条幅。

市场经济是什么？一般的说法，是交易经济。其实这个说法不够准确。有交易还不叫市场经济，为交易而生产才叫市场经济，至少才能叫现代市场经济。①

传统农业社会也有交易，但那时的交易主要是为了调剂余缺。你家土豆种多了，吃不完，玉米又种少了，不够吃，我家正好相反，于是我们两家可以互换产品。这叫调剂余缺。通过调剂余缺，我们两家都更好地满足了自己对于土豆和玉米的需要。但这只能叫传统市场经济。

现代市场经济为他人而生产。在现代市场经济中，企业绝不是为了自己使用而生产，而是为他人而生产。因此，现代市场经济本质上是专业化和分工的经济。一个专业化和分工的经济一定是信息不对称的经济。现代市场经济与信息不对称相生相伴。可以说，没有信息不对称就不叫市场经济，至少不能叫现代市场经济。那么信息不对称导致市场失灵又从何说起呢？

主流经济学通过旧车市场模型得出信息不对称会导致市场失灵的

---

① 清晰的权利界定是市场交易的前提条件，因此，当然不能说有交易就是市场经济。两口子，男主外，女主内，然后共享劳动成果，这是交易，但不是市场交易。孩子与父母之间，孩子小的时候父母养孩子，父母老的时候孩子又养父母，这是交易，但不是市场交易。古代，科举成绩优异的就去当官管理社会，差的就去生产，他们之间也是交易，却不是市场交易。在传统计划经济下，有的去种粮，有的去养猪，通过计算工分的办法分配劳动成果，这也是交易，但肯定不是市场交易。这里我们采用的是不严谨的简易说法。

结论，值得商榷，因为人们一定会想办法避免这种情况发生。事实上，商标、品牌、中介、行业协会、职称评定……都是在解决信息不对称问题。**市场在分工提高效率和分工产生交易费用之间寻找平衡，市场永远和信息不对称相伴随，市场又总是在想各种办法来克服信息不对称。**信息不对称理论之重点，不应该在于揭示信息不对称会导致市场失灵，而应该在于揭示人们都用了哪些办法，既获取了分工的好处，又克服了信息不对称的坏处。正如租值消散定理之重点，并不在于说明产权不清会有租值消散产生（虽然产权不清租值确实会消散），而在于解读人们都用了怎样的办法来减少租值消散。又如外部性理论之重点，不在于说明外部性会导致市场失灵，而在于说明人们都想了什么办法来避免外部性概念所揭示的不利后果。

其实，信息完全对称反而没有市场经济，至少没有现代市场经济。假如信息完全对称，世界也并不一定美好。信息不对称，当男朋友买一束花突然出现在你面前的时候，你会惊喜。但如果信息完全对称，他怎么去的花店，买的什么花，走在路上的什么位置，甚至他心里怎么想的，你都清清楚楚，还会有惊喜吗？信息完全对称，就没有分工和专业化。没有分工和专业化的世界好吗？答案不言自明。

思考题

请你从生活中找一找，人们都用了哪些办法来解决信息不对称问题。

二、信号发送与信息甄别

虽然信息不对称确实可能会扰乱市场，但是信息不对称又是市场经济与生俱来的属性。可以这样说，没有信息不对称，就没有现代市场经济。分工提高效率，可是分工又产生信息不对称，阻碍交易发生，因此，市场主体一定会想各种办法来克服信息不对称。

从卖方的角度讲，他会向买方发送信号，以证明产品质量。

例如，在房地产行业，一些开发商主动设置样板房、工地开放日，邀请客户们参观。又如，卖橘子的时候故意留两片叶子，以说明橘子的新鲜程度。再如，对品质实施“三包”，包修、包换、包退，对产品质量提供担保，也是一种信号发送。

有一年，我在深圳见到一位著名创投公司的高管，他说，他们只招收硕士博士。我于是问他：现在硕士博士在大学里学的主要是一些数理技术，那些东西在实践中有用吗？他说：没什么用，但是，那么复杂又没有用的东西，他们都能弄明白，说明他们的智商没有问题；既然智商没有问题，那么在工作中再学别的东西就容易。

很多人都有这样一种感觉，在大学里学不到多少东西。那么问题来了：学不到多少东西，是不是就不要读大学了呢？从信息经济学的角度来讲，即使学不到东西，还是需要读大学。因为读大学，除了学东西之外，还有一个信号发送的功能。你的智商到底怎么样，别人看不到，但是，如果你能够在高考中胜出，又能够顺利大学毕业，那么说明你的智商就没有问题。

当然，证明一个人智商与能力的方法很多，文凭不是唯一的，甚至不是最重要的方法。

在讲优质苹果为什么远销国外的时候，我们讲过，如果加上一笔固定费用，那么优质商品会变得相对便宜。由于把苹果运到国外需要支付一笔运费，因此只有优质苹果才会销往国外。可以把这里面的道理一般化，例如，在市中心昂贵的地皮上，没有人去盖廉租房；刻在石碑上的文章，一般比写在纸上的文章经典；装修高档的餐厅，其菜肴的品质一般不会差；包装高档，商品的品质一般也不会不好；名表才镶嵌钻石，否则就糟蹋了钻石……这些都是一种信号发送。

连锁经营也是一种信号发送。我自己就喜欢到连锁店消费，这是因为，假如一家商店卖了假货，那么所有连锁商店的声誉会因此而受到损害，换句话说，连锁店作假的成本高。

贷款抵押也是一种信号发送。项目到底有没有可行性，盈利能力怎么样，贷款人未必清楚。但是假如你敢抵押资产，那么贷款人就有理由相信，项目具有可行性，盈利能力有保障。

从买方的角度讲，他会进行信息甄别，以确保产品质量。

企业聘用员工，企业主并不知道应聘者的真实能力。这个时候怎么办呢？企业主可以设计不同的岗位目标和薪酬待遇，让应聘者自己挑选。这就是一种对能力的甄别机制。

又如，女生要怀孕生孩子，如果跟了一个不爱自己的人，那么承受的风险和代价就会太大。但是爱这个东西在男生的心里，作为女生，她怎么知道男生是不是真的爱自己呢？于是，她进化了一套“本领”，莫名其妙地耍小性子，一会儿要吃这个，一会儿又要吃那个，你刚给她买来了这个，她又说想吃那个，使劲折腾人。这其实也是一种信息甄别机制。因为只有真心爱她的人，才愿意忍受她的折腾。

“三顾茅庐”也是一个信息甄别的例子。都说刘备求贤若渴，但是否真的求贤若渴呢？刘备一顾茅庐没见到诸葛亮，再顾茅庐又没见到，继续三顾茅庐，这就说明刘备的确求贤若渴。否则的话，一顾没见到，二顾没见到，可能就懒得三顾了。

当然，信号发送、信息甄别的方法并不局限于上面所举的例子。而且，信号发送、信息甄别也不是解决信息不对称的唯一方法。

重复交易也可以克服信息不对称。一次性交易，你可能欺骗对方，但重复交易一般就不会。你在火车站和旅游景点买到假货的概率大，但在小区的商店里买到假货的概率就小得多了。

第三方背书同样可以克服信息不对称。因为信息不对称，买家和卖家互相不信任，但如果他们都认识一个中间人，通过这个中间人的担保，买家和卖家就可以克服信息不对称的障碍。例如，学生申请到国外留学，但是国外大学并不了解学生的情况。这个时候，学生请自己的老师写一封推荐信，国外大学就可以根据老师的推荐信来对学生作出评价。又如，二手车市场上存在信息不对称，这时候就会有中介来鉴定车的质量，就克服了信息不对称问题。

商标、品牌也是克服信息不对称的手段。我们买一块手表，不可能知道它是怎么造出来的，甚至无须知道它是用什么材料造出来的，我们只需认商标、品牌就可以了。如果商家利用信息不对称坑了消费者，传出去后就会损害商标、品牌的价值。

市场的确充满了信息不对称。可是，我们去买面包，不需要了解面包的生产制作过程，只需要试吃一下，看是否满足自己的口味、喜好，便可以决定是否购买。就算一个面包师傅懂得面包的制作方法，也未必能以他拥有的知识和信息，在购买面包时迫使商家便宜卖给他。可见，信息完全对称不仅并非必要，也未必能让我们获益。事实上，由于分工和专业化提高效率，而信息完全对称意味着没有分工和专业化，因此信息完全对称必使我们受损。

市场经济是分工和专业化经济，分工和专业化必然意味着信息不对称。信息不对称未必一定会导致市场萎缩，相反，它就是市场的元素。没有信息不对称，反而没有市场了，至少没有现代市场经济。无须经济学者操心，人们一定会想方设法利用分工和专业化的好处，同时克服信息不对称可能存在的坏处。

思考题

你能从生活、工作实践中再找出一些人们如何克服信息不对称下逆向选择的事例吗？

三、委托代理与道德风险

这一节我们研究事后信息不对称的问题。

设想，你是老板，我是职员，找工作的时候，我承诺会尽心尽力工作，然而签订合同之后，因为工作的时候你不可能时时站在旁边监督，于是我又有偷懒的激励。毕竟，在雇用合同下，我们属于合作生产，劳动成果由双方共同分享，而不是归我自己独有。

签订合同后，由于信息不对称而出现偷懒违约行为，这就叫作道德风险。

道德风险当然不好，但正如前面所反复强调的那样，并不是不好的事情就一定导致市场失灵。事实上，所有经济问题都是权衡取舍的问题。要获得分工合作的好处，就得承担可能的道德风险，而约束下利益最大化公理意味着人们必定想尽办法克服道德风险。

事后信息不对称的问题，也叫委托代理问题。典型的委托代理问题是雇用与被雇用问题。

信息经济学的观点是，老板设计一个合约：第一，在这个合约下，我愿意做你的雇员，这个也叫参与约束；第二，在这个合约下，我主观上追求自身利益最大化，客观上也使你的利益达到最大，就是把我的利益和你的利益捆绑在一起，这个叫激励兼容约束。

在《为什么是资本雇用劳动》一节中我讲过：假设两个人合作才能生产出产品来，并且需要一个人在阳光下工作，另一个人在黑暗中工作，那么阳光下的那个人一定会只拿固定工资，让黑暗中的人拿剩余，并听从其安排调度。这样才能最大限度地避免道德风险。

老板“雇用”工人干活，产出既决定于工人的努力程度，也决定于其他一些观察不到的因素。一般来说，有三种合约可供选择：一是工人拿固定工资，老板得剩余；二是分成合约，按比例分成；三是老板拿固定工资，工人得剩余。之所以给雇用一词加上引号，是因为假如是第二种合约，那么该是谁雇谁呢？如果是第三种合约，其实是工人在雇老板。

如果老板的工作重要并且不易监督，那么“工人拿固定工资，老板得剩余”的合约就会出现；如果老板和工人的工作都重要并且都不易监督，那么分成合约就会出现；如果工人的工作重要并且不易监督，那么“老板拿固定工资，工人得剩余”的合约就会出现。

虽然雇用关系是典型的委托代理问题，但是委托代理并不必然是雇用关系。其实，只要在交易过程中信息是不对称的，那么就是一种委托代理关系。其中，拥有信息少的一方叫委托人，拥有信息多的一方叫代理人。委托代理关系中委托人和代理人的地位不是事前决定的，而是事中决定的；不是外生决定的，而是内生决定的。换言之，委托人和代理人地位的确立不是签订合约的原因，而是签订合约的结果。

我在前面讲“井田制”的时候指出过，“井田制”不是土地产权界定形式，而是一种劳动分工合约，也是一种避免道德风险发生的制度安排。

这二十多年来，我一直给报纸杂志写文章。他们通常用两种方式付我稿费：一种是按篇付费，我写一篇1500字的文章，他们给我1000元；另一种是我写多少字都没有关系，把书卖了以后，赚回来的钱给我10%。大家想一想，两种方式下，我的行为有什么差别？

在第一种付费方式下，我当然有图快的激励。但1500字的文稿，编辑很容易鉴定稿件质量高不高，如果质量达不到报纸期刊的要求，那么编辑可以拒绝刊用。在这种情况下，使用按篇付费也无妨。但如果是大部头的书稿，编辑看一遍稿子就要花很多时间，也就是鉴定书稿质量的成本太高，那么就会采用后一种方法。在分成的方法下，我不可能图快不关注质量。

奴隶在法权上属于奴隶主，是其财产的一部分。可是为什么有一部分奴隶不但积累了自己的私有财产，甚至还赎买自己，成为自由民了呢？因为奴隶是一种“主动财产”，不但会跑，而且事实上控制着自己的劳动供给。奴隶主固然有权强制奴隶劳动，但由于奴隶的“主动财产”特点，奴隶主要强制奴隶努力劳动，需要支付高昂的监督费用。为节约监督费用，奴隶主只好对奴隶实施激励：实行定额制，超过定额的产出部分归奴隶自己所有。于是一些能干的奴隶就能够拥有自己的私有财产；财富多了，就可以赎买自己。

你看，不是没有道德风险，而是奴隶主一定会对奴隶实施激励，以避免道德风险发生。

《史记·淮阴侯列传》有一段韩信死时的感叹，他说：“果若人言，‘狡兔死，良狗烹；高鸟尽，良弓藏；敌国破，谋臣亡。’今天下已定，我固当烹！”

皇帝为什么要杀功臣呢？这其实是一个信息不对称的问题。

大臣想不想造反，深藏在心里，皇帝是不知道的。而一旦大臣造反了，就来不及了。因此，重要的不在于大臣有没有造反之心，而在于其有没有造反的能力。皇帝防范大臣造反的办法，是防患于未然，把那些有造反能力的人都杀掉。这就是皇帝杀功臣的原因。

自然，防止被皇帝杀害的办法就是让自己的造反成本变大。

传说，也是在汉初，那时项羽已经在乌江自尽，刘邦正与异姓王最后一搏。为了支持刘邦在前线打仗，萧何在后方大力督办后勤、安抚体恤人心，老百姓很拥戴他。有段时间，刘邦特别爱打听萧何在干什么，使者如实回答“安抚、体恤之事而已”。刘邦听后，沉默不语。

消息传到后方，门客大惊，说：“看来萧相国你不久便会被满门抄斩啊。”

萧何不解：“我克己奉公，何来满门抄斩之灾？”

门客答道："自从入关以后，你便兴水利、办实事，深得百姓拥戴，身居相国之位竟从不贪污，还曾把家产拿出来做军资，这就不合常规了。老大屡次打听你在干什么，难道不是怕你借民心、民意图谋不轨吗？"萧何深知刘邦性格，黯然神伤："那怎么办呢?"

门客说："你为什么不干点强买农田、掠夺民财的事呢？污损自己的名声，让老百姓都骂你，这样老大自然就放心了。"萧何想了想，依计而行，强买民田，掠人钱财，以致闹到群众当街举报的地步。刘邦接到探报，不怒反喜，班师回朝的时候指着萧何取笑道："你这个人，身为相国，跟小老百姓争什么争啊，哈哈！"如你所知，萧何得善终。

上述例子告诉我们，信息不对称可能导致道德风险，但人不是木头，一定会想方设法避免道德风险。因此，**经济学之重点，根本不是说明信息不对称会导致市场失灵，而是说明，人们是怎样想办法，以及想了怎样的办法，来克服信息不对称下可能的道德风险。**"井田制"的例子告诉我们，至少在三千年前，人们就想到了绝妙的克服信息不对称、避免道德风险的方法。

思考题

你能从生活、工作实践中再找出一些人们克服信息不对称下道德风险的事例吗？

第二十讲 | 效率的真实含义

一、效率的条件依存性和一般均衡性

众所周知，经济学公理假设人都是理性的，都在追求约束下的利益最大化。这意味着，满足约束条件的行为一定导致了、也只是导致了该约束条件下的利益最大化。

你可能会问：追求约束下的利益最大化，就一定实现了该约束条件下的利益最大化吗？

似乎不一定。我们不能一方面假设人都追求利益最大化，另一方面又说有可以拿到的利益他却不去拿。有可以拿到的利益他却不去拿，这只是外人看来如此罢了。有利益他不去拿，一定是他没有认识到这利益，或者有什么东西限制他不能拿得这利益。没有认识到、限制他不能拿这利益的东西都是约束条件；考虑了所有的约束条件，他拿到的就已经是他能拿到的最大利益了。行为人的行为实现了、也只是实现了约束条件下的利益最大化，即考虑了所有的约束条件，个体总是实现了利益最大化。

问题是：每个个体都实现了利益最大化，总体的利益达到最大化了吗？

如果每个个体都实现了利益最大化，那么总体的利益必然也达到了最大化。如若不然，那么至少有一个人还有改进的机会，就还没有实现利益最大化，就会产生矛盾。

世间没有抽象的最大化，只有约束下的最大化。只要实现了约束条件下的最大化，就是有效率的。因为约束条件不同导致最大值有高有低，不能说低的无效率，高的才有效率。约束条件不同，时空就不同，不同时空的东西没有可比性，不能用高的来证明低的就无效率。

举个例子。平常100米我最快能跑12秒，但在逆风中最快只能跑17秒。后者比前者慢了5秒，能不能说后者无效率，不是最优？效率仅指实现了最大化，前者我尽了最大努力，后者我也尽了最大努力，因此都有效率，都是最优。后者之所以慢，不是我没有尽最大努力，而是约束条件不同所导致的，即空气阻力所导致。

可是，主流经济学经常忘记效率的条件依存性。明明是约束条件不同导致福利水平不一样，偏偏拿不一样的福利水平做比较，然后得出结论，这个有效率，那个无效率。他们对于垄断、“囚犯难题”等问题的分析，忽视了约束条件的规定。

忽视了约束条件，我们甚至能得出自助餐无效率的结论。一个人付一笔钱，可以随心所欲地吃，他会吃到最后一口的收益等于零才停下来，但是生产这最后一口食物的成本却是大于零的。这样看，无效率产生了。但是自助餐真的无效率吗？你去问自助餐馆的老板：为什么让顾客多吃呢？老板会回答你：假如我不让顾客多吃，那么就得雇用工人拿着大勺子在那里度量食物，而这是有成本的。自助餐虽然让顾客多吃了一点，但是它节约了接待顾客的成本，节约了度量食物的成本，这些节约下来的成本大于所谓的浪费，因而恰恰是有效率的。

一旦引入交易费用这个约束条件，所谓的浪费随之消失，无效率就不存在了。

除了具有条件依存的性质，**效率概念还必须在动态的一般均衡中才能得到正确说明。**

对外部性问题的传统分析认为，当事人给他人造成有利或者不利的影响，可是当事人得不到应有的回报或者不承担相应的成本，于是就会出现资源配置不足或者过度配置的情况，就有无效率产生。这是典型的局部均衡分析。在“供求原理”部分我们讲过，局部均衡并不真实存在，只是经济学家的一种理论抽象。因此，不能用局部均衡来说明现实有没有效率。

科斯不一样，他告诉我们：如果当事人的活动确实给其他人造成了损失，那么这个损失要计入当事人的成本；如果当事人确实让他人获得了好处，那么这个好处要归入当事人的收益。牧民的行为给农民造成损害，即使不征税，不负赔偿责任，这笔账也要记在牧民的头上。因为，农民一定会给他赎金，请他减少牛群数量，如果他不同意，就等于放弃了这笔赎金。养蜂人的行为给农民带来好处，即使不补贴，这好处也要记在养蜂人的头上。因为，农民一定会支付赎金，让养蜂人增加蜂群的数量。如果权利被清晰界定，交易费用又为零，那么通过市场交易，全部成本都内在化，私人成本与社会成本不会有分离，私人收益与社会收益也不会有分离。

既然交易费用为零，行为主体就会谈判，并且一定有谈判解，无效率又怎么会产生呢？因此，那些没有交易费用为正的假设，又说存在效率损失的分析，是值得商榷的。

科斯做的是典型的一般均衡分析。在一般均衡之下，无效率消失了。

庇古的传统分析，错在以为真实世界会像局部均衡所描述的那样。当然，犯这种错误的不只是庇古了。可以说，主流经济学经常用局部均衡讨论效率问题。

或许有人会说，科斯的分析只适用于零交易费用的情况，正交易费用下就未必是这样了。

现实是正交易费用的世界。在正交易费用的条件下，私人成本与社会成本的确可能分离，但是这种分离未必一定意味着有无效率产生，成本分离与无效率并没有简单的对应关系。

在正交易费用的条件下，私人成本与社会成本可以分离，不过原则上，经济社会一定会内生出一些制度安排来减少这种分离，这是约束下利益最大化公理的定义性规定。只是我们不能一般地指出，经济会内生出哪些制度安排，来减少私人成本与社会成本的这种分离。

这其实又回到效率概念的条件依存性：**考虑了所有的约束条件，经济总是有效率的。**

思考题

请找出一个被人们认为“无效率”的例子，并且分析导致“无效率”产生的原因。

二、边际等式不成立可能反而有效率

效率等价于约束条件下利益最大化，最大化又等价于边际等式成立。在数学上，一阶导数等于零是最优的必要条件。经济学上，这就叫作边际等式成立。

经济学中与效率相对应的边际等式，经常是边际收益等于边际成本。按照主流经济学的说法，当边际收益等于边际成本的时候，资源就实现了最大价值；偏离了，就意味着有无效率产生。

这种说法忽略了对交易费用的考虑，而真实世界恰恰受到交易费用的约束。在书本上假设这是边际收益曲线，那是边际成本曲线，十分容易。可是在现实世界，谁知道边际收益曲线、边际成本曲线具体在什么位置。或者说，弄清边际收益曲线和边际成本曲线的准确位置是有成本的，那么最优解怎么确定？

还是以自助餐为例。顾客去吃自助餐，一定会吃到最后一口食物的收益等于零为止，然而生产最后一口食物的成本大于零。就是说，这种情况下边际收益小于边际成本。如果按照边际等式成立才有效率的标准，那么这时候就存在浪费，就有无效率产生了。

问题是：真的只有边际等式成立才代表有效率吗？前面讲过，要使得边际等式成立，那么就得雇用工人拿着大勺子在那里度量食物，而这是有成本的。自助餐虽然让顾客多吃了一点，让边际收益不等于边际成本，但是它节约了接待顾客的成本，节约了度量每个人所消费食物的成本，这些节约下来的成本大于所谓的浪费，因而让顾客多吃恰恰是有效率的。

一旦考虑了交易费用，那么边际等式成立反而无效率，边际等式不成立倒可能有效率。

垄断的例子也一样。如果没有交易费用，那么一定会是价格等于边际成本。道理不难理解：假如价格真的高于边际成本，就意味着生产者生产额外一单位产品的成本，低于消费者愿意为这一单位产品所支付的代价，那么生产者和消费者总可以通过谈判协商，分享其中的利益，生产者就一定会增加这额外一单位产品的生产，价格一定等于边际成本。问题是现实世界存在交易费用。之所以垄断价格高于边际成本，正是交易费用为正的缘故。在正交易费用的情况下，就不能根据价格高于边际成本得出有无效率的结论了。

外部性问题同样如此，在正交易费用的真实世界，并不是成本分离就一定有无效率发生。

效率不是抽象的最大化，而是具体约束下的最大化。不是只有零交易费用的新古典世界才有效率，而一切对于新古典世界的偏离都代表了效率损失；不是只有边际等式成立才有效率，而任何对于边际等式的偏离都代表了效率损失。正交易费用的真实世界不同于零交易费用的新古典世界。在正交易费用的真实世界，效率经常产生在边际等式不成立的地方。边际等式不成立，并不意味着就有无效率产生；如果人为刻意地去实现边际等式，反而可能无效率。

假如交易费用为零，那么法律面前人人平等可能真的公平却无效率。谢老师偷东西打80板才不偷，女神打20板就不偷了，可是法律面前人人平等，各打50板。结果是，谢老师继续偷，女神第二天却不能干活了。为什么不打谢老师80板，打女神20板呢？

在正交易费用的真实世界，你怎么知道我被打80板才不偷，女神被打20板就不偷了？十三亿人每个人各打多少板正好不偷？调查这个是需要成本的，并且绝对是一件高成本的事情。考虑了这个成本，各打50板反而有效率。在正交易费用约束下，法律面前人人平等既公平又有效率。**在正交易费用的世界，"完美"不是有效率，不完美反而可能有效率。**

似乎把产权界定给最能利用它的人才完美、有效率，可是既然交易费用为正，就意味着不知道谁能最好地利用资源。在这种情况下，只要产权界定清晰，无论界定给谁，都是有效率的。换言之，从交易费用为正不能得出产权初始界定重要的结论。

数学只能处理边际等式成立的情况，可是在正交易费用的真实世界，边际等式成立反而可能无效率，那么数学计算的结果到底有多大意义呢？

不要迷信数学化，经济学研究资源配置，经常要对替代选择进行比较。可既然是替代选择，就意味着在现实中不可能都出现。经济学中经常拿现实跟一个并没有出现的选择做比较。注意，这里不是不同约束条件下的比较，而是相同约束条件下不同选择的比较。这个时候数学其实没有用，有用的是逻辑，是经济学理念。

垄断者是不是索要高价了？该怎么回答这个问题呢？不能拿不同的行业做比较，必须假设不是垄断，而是竞争经营，看看这时候是什么价格，进行这样的比较。可是替代选择并没有真正出现，那要怎样进行这样的比较呢？只能回到原始状态进行比较。

在没有汽车、飞机的年代，铁路是垄断的。垄断的铁路索要高价了吗？显然没有，否则，人们会继续选择肩挑背扛、马车拉。人们可以选择肩挑背扛、马车拉，却选择用铁路运输，只能说明铁路运输降低了运输成本、降低了运价。这是逻辑。

不是不能用数学，但是，为了数学化而牺牲真实的经济含义，这就变成了象牙塔中的经济学，科斯称其为"黑板经济学"。黑板经济学家制造出一个"完美世界"，再以这个想象中的"完美世界"为标准衡量现实世界，凡是偏离"完美世界"的就都是市场失灵，就需要政府进行干预，将其改造为想象中的"完美世界"，起码也要尽可能地接近"完美世界"，这是错误的。

思考题

你能否举一个生活中的边际等式不成立、反而有效率的例子？

三、没有帕累托改进这回事

经济效率的标准含义是资源配置实现了最大价值。1897年，维尔弗雷多·帕累托提出了今天广为人知的资源配置的帕累托标准：如果不能使一部分人受益，同时又没有其他人受损，那么资源配置就是有效率的。效率概念的这两个定义是等价的，可以替代使用。

效率概念给人一种可能存在无效率的感觉。资源配置实现了最大价值；不能使一部分人受益，同时又没有其他人受损。这是不是存在资源配置没有实现最大价值的情况？是不是存在使一部分人受益，同时又没有其他人受损的情况？也就是存在帕累托改进的情况吗？

似乎存在，我们不是天天讲渐进改革是一种帕累托改进吗？

是的，渐进改革使一部分人受益，同时又没有其他人受损。但这不是真正的帕累托改进。

没有错，和市场经济比，计划经济福利水平低很多，但在当初，人们认为计划经济优于市场经济，能够赶超市场经济。事实上，在20世纪30年代，以米塞斯和哈耶克为代表的一批经济学家，和以兰格为代表的拥护“市场社会主义”的经济学家之间，就曾围绕凯恩斯的《货币论》和当时正在蓬勃兴起的苏联经济模式，展开过一场激烈的论战。当时，有不少经济学家都是支持苏联经济模式的。例如，大名鼎鼎的萨缪尔森就一度认为苏联会超越美国。

人们关于经济体制及其运行绩效的知识是什么？正是人们当时行为选择的约束条件。当时的行为选择对当时的约束条件是最佳的反应，就当时来说，计划经济就是最优选择。

今天我们看计划经济无效率了，可是不要忘了，我们是以今天所拥有的关于经济体制及其运行绩效的知识来判断的。既然当时的行为选择对当时的约束条件做了最佳反应，那么很自然，当时的行为选择就不是对现在约束条件的最佳反应。因此，以现在的约束条件来看计划经济是无效率的，这难道不正是“考虑了所有的约束条件，经济总是有效率的”题中之义吗？切记，约束条件一定要是事物发生时的约束条件，而不是事后的约束条件。

效率仅指实现了利益最大化，至于这个最大值是高是低，则不是重点，因为有可能是由约束条件导致的。在从计划向市场的渐进改革中，尽管每个人都改善了，但这不是帕累托改进，因为这种改进伴随了约束条件的改变。自然，这样的改进是不能证明有无效率存在的。

在经济学看来，**一切变化都是从约束条件开始的，所谓帕累托改进其实是子虚乌有。**

我在前面反复讲过，对于产权清晰界定的私域，只需保护产权，其余一切都不是问题，帕累托最优必然实现。这里要强调，即使是产权无法清晰界定的公域，仍然要坚持，无论发生了什么，都是有效率的。即无论私域还是公域，考虑了所有的约束条件，经济都是有效率的。

事前，可以区分什么有效率，什么无效率，但事后，无论发生了什么，都是有效率的。

无论发生了什么，都是有效率的，这就是黑格尔所说的“存在即合理”的意思。这里的“合理”，不涉及价值判断，跟好还是不好、应该还是不应该、喜欢还是不喜欢没有关系，只是说，凡事都有它存在的理由、根据。用经济学的术语来说，就是都有其赖以存在的约束条件。

我们不能因为现实世界的福利达不到完全竞争的水平，就得出现实世界是无效率的结论。完全竞争要求产品同质、信息完全、没有交易费用、没有外部性、存在众多的买者和卖者，毕竟现实世界的约束条件不同于、也不可能同于完全竞争的约束条件。

我们不能因为转轨经济的福利达不到成熟市场经济的水平，就得出转轨经济是无效率的结论和渐进改革是无效率的结论。事实上，如果把成熟市场经济的制度简单地移植到转轨经济中，反而会降低经济的福利。因为制度的各个组成部分具有互补性，制度变迁具有路径依赖性。

事前看，的确存在有效率和无效率的分别。事前，我们可以分析判断，解决外部性问题到底是选择市场解福利水平高，还是选择政府解福利水平高，抑或听任外部性不管福利水平高。事前，我们也可以分析判断，到底权利要怎样配置，福利水平才更高。

但由于无效率和约束条件下利益最大化公理不相容，事后，无论出现什么结果，都要看作是有效率的。正如张五常所说，考虑了所有的约束条件，经济总是有效率的；不管是哪种约束条件，只要维持不变，人的自利行为只会在约束下减少交易费用；约束条件不变，事情只会向好的方面进化，而不会向不好的方面进化。斯蒂格勒也讲：除非有人准备开辟非最优化理论的先河，否则浪费就不会成为一个有价值的经济学概念；浪费概念是经济学分析中的一个错误，只要我们的经济理论是正确的，那么浪费就不会成为一个有用的概念。

经济总是有效率的，经济的轨迹是由帕累托最优点构成的，那么是不是经济的福利就不会减少、社会就不会变差了呢？也不是。正如张五常所指出的，人在约束条件下争取利益最大化。自然，人们会致力于改变约束条件。人的自利行为可以改变约束条件以使经济的福利增加，也可以改变约束条件使得经济的福利减少。帕累托标准必然实现与人类灭绝没有冲突。

经济的福利可以增加，也可以减少。但无论增加还是减少，经济的轨迹都是由帕累托最优点构成的。帕累托改进要求约束条件给定，而被我们称作帕累托改进的都是约束条件改变的结果。约束条件改变引起福利水平提高和帕累托改进是不同的两种改进。

经济总是有效率的，那么经济学的主要功能就是解释。解释和预测其实是一回事。解释是给定现象，找出其背后的约束条件。预测是给定约束条件，推断会出现什么现象。

经济学的主要功能是经济解释，这并不是说我们就不能改进社会了，而是说，我们一定要知道怎样实施这种改进。经济解释的重心在于调查真实世界的约束条件，改进社会的重心则在于改变经济的约束条件。通过经济解释，增进了人们拥有的关于经济运行的知识。人们的知识增多了，约束条件就改变了；约束条件改变了，行为和结果也跟着改变了。在这个意义上，经济学可以改进社会；也只是在这个意义上，经济学改进了社会。

思考题

请用这一讲学到的效率概念去审视主流教科书，看哪里错了，具体错在什么地方。

第二十一讲 | 学问是层纸，但要走对路

一、那个否定理性假设的“经典实验”不成立

行为经济学有一个著名的推翻理性假设的“实验”：拿100元在张三、李四两个人之间分配。游戏规则是这样的：如果两个人都接受分配结果，那么他们各自得到所分配的份额；但是，假如有一个人不接受分配结果的话，那么两个人就都什么也得不到。

实验及其结果如下：50元给张三，50元给李四，张三、李四都接受分配结果，他们各自得到50元；51元给张三，49元给李四，张三、李四都接受分配结果，张三得到51元，李四得到49元……99元给张三，1元给李四，李四不接受分配结果，张三、李四全都啥也得不到。问题来了：对李四来说，得到1元难道不比啥也得不到好吗？尽管他分得的比张三少，甚至少很多，但有总比无强，看来理性人假设未必总是成立的。

他们解决问题的办法是引入公平。就是说，经济学不仅要考虑效率，还要考虑公平。

并非公平不重要，也非公平对于效率没有影响。问题在于：公平有很大的主观性，一百个人有九十九个答案，那么什么才是公平呢？拿这

个“实验”来说，公平与不公平的边界在哪里？是张三、李四各50元公平，还是张三51元，李四49元公平？恐怕谁也回答不了。

我思考的是：这个要引入“公平”才能解决的问题，能不能在效率的框架内得到解释。

且让我把“实验”改一改：张三拿到钱就去火星生活，李四则还留在地球上。反过来也可以。没有其他含义，无非是让张三、李四两个人分了钱后就天各一方，彼此不产生后续影响。现在给张三99元，给李四1元，李四会接受吗？我敢跟你打赌，李四一定会接受。

问题不在于李四只拿1元，比张三少很多，不公平，因此李四拒绝接受分配结果。真正的问题是，这个分配结果会影响张三、李四未来的竞争力，会影响他们未来的分配结果。李四比张三分得的少很多，决定了未来李四很可能比张三分得的也会少很多。

初始分配会影响未来分配，起点的差异很可能会放大结果的差距，所以，不能不考虑初始分配的动态效应，就说人们不接受有比无强的结果就是不理性，就说经济学的理性假设不成立。实际情况正相反，李四不接受张三99元、自己1元的分配结果，恰恰是理性的。

分配规则（游戏规则）是内生决定的，不是外生给定的，更不能由经济学家凭想象给出。张三、李四分得钱后会产生进一步的动态影响，张三怎么可能不预期分配结果对于李四的这种影响以及李四的反应呢？所以，张三99元、李四1元的分配方案，不只是李四不同意，张三也不会同意。张三、李四都不同意的方案，在真实世界是不可能存在的。张三99元、李四1元的分配方案，不过是经济学家们在书斋里想当然的产物。但我们怎么可以用一个想当然的“实验”去否定真实世界的理性呢？

我有位企业家朋友，他清醒地知道福利主义的坏处，但是他又主张还是要有适当的福利。他认为，适当的福利是富人向穷人赎买和平。你看，现实中人们哪有不考虑对方的感受和想法的？都是在权衡各方反应，然后再决定自己的行动。非理性从何说起？

再说了，在这个“实验”中，是第三者拿出自己的钱给大家分，哪有什么公平的问题。只有说钱本来是张三、李四共同的，然后在张三、李四之间分配，这个时候才存在公平的问题。

社会科学不可能像自然科学那样做可控实验，很难甚至根本就不可能完全控制“其他因素不变”。严格来说，社会科学的“实验”都是不可重复的，因此并不是真正意义上的实验。

还是以这个“实验”为例。你把这个“实验”放在班里做，和放在火车站做，答案肯定会不同。在班里，李四会拒绝张三99元、自己1元的分配方案，但在火车站，李四就会接受。就是说，有没有控制住初始分配对于未来的动态影响，结果是有天壤之别的。

再比如，你找没有收入的学生和有收入的成年人同样做这个“实验”，结果也会不一样。即使都是有收入的成年人，富人和穷人也会不一样。原因在于，你把1元看作固定价值的1元，就不能理解李四放弃1元的行为。可是经济学假设了边际效用递减，就是说，同样1元在没有收入的学生那里，在穷人和富人那里，其价值是不一样的。在成年人那里，特别是在有钱人那里，1元价值约等于0，不要它，当然也就不是非理性行为了。事实上，很多人见到地上1元钱都懒得捡。这可跟公平、尊严没有关系。

假如“实验”对象是比尔·盖茨，他不要这1元，是非理性吗？假如换作我，给张三99元，给我1元，我会拒绝，但如果给张三99万元，给我1万元，那么我一定会接受的。

总之，社会科学的“实验”充满了陷阱，必须根据“实验”结果谨慎得出经济含义，更不可以以这样简单的“实验”否定经济学的基本假设。科斯、张五常都反复强调，经济学的实验室在真实世界。这才是大师之见！

思考题

你能不能借鉴这一节的内容，去分析一个行为经济学的经济“实验”的错误？

二、“囚犯难题”错在哪里

“囚犯难题”是非合作博弈论的经典例子。由于这个例子部分奠定了非合作博弈论的理论基础，因此几乎每一本涉及博弈论的书都讲到这个例子。

		囚犯乙	
		坦白	不坦白
囚犯甲	坦白	-8，-8	0，-10
	不坦白	-10，0	-1，-1

图21.1 囚犯难题

“囚犯难题”讲的是：甲、乙两个犯罪嫌疑人作案后被警察抓住，关在不同的屋子里接受审讯。政策是：如果两个人都坦白，那么各判8年；如果两个人都不坦白，那么因为证据不足，各判1年；如果其中一人坦白，另一人不坦白，那么坦白的释放，不坦白的判10年。

在这里，每个犯罪嫌疑人都有两个选择，坦白或不坦白，但是均衡的结果一定是大家都坦白。这是因为：给定乙坦白，甲坦白的话判8年，不坦白的话判10年，坦白比不坦白好；给定乙不坦白，甲坦白的话被释放出来，不坦白的话判1年，坦白比不坦白好。换句话说，无论乙怎样选择，坦白总是甲的最好的选择，这被叫作占优战略。同样的道理，坦白也是乙的占优战略，总是最好的选择。“都坦白”构成纳什均衡，结果是大家都选择坦白，各判8年。

在传统分析看来，“囚犯难题”的含义明确。

第一，“囚犯难题”反映了个人理性与集体理性可能冲突的事实。如果两个人都不坦白，各判1年，显然比都坦白各判8年好。但这个帕累托改进实现不了，因为“都不坦白”不是纳什均衡，它不能满足个人理性要求。因此，个人理性选择的结果可能是无效率的。

这个道理在现实中具有普遍性。例如，公共物品供给就是一个“囚犯难题”。如果大家都出钱兴办公用事业，那么所有人的福利都会增加。问题是，如果我出钱，你不出，我得不偿失；如果你出钱，我不出，我就可以占你的便宜。结果必然是每个人的最优选择都是不出钱，这种纳什均衡使得所有人的福利都得不到提高。

又如，军备竞赛也是一个“囚犯难题”。“冷战”期间，美苏两国竞相增加军费预算。如果不搞军备竞赛，都把资源用于民品生产，情况一定会更好。问题是，如果我把资源用于民品生产，你增加军费支出，那么我就受到威胁；如果你把资源用于民品生产，我增加军费支出，那么你又受到威胁。纳什均衡是两国都大量增加军费预算，两国的社会福利因此都变糟了。

第二，制度安排要有效力，必须构成纳什均衡。如果制度安排不构成纳什均衡，那么至少有一个人有破坏这种制度的动力，它就不可能自动实施。不满足纳什均衡的制度安排是没有意义的。囚犯在被捕之前建立的攻守同盟没有意义，因为它不构成纳什均衡，没有人积极遵守协议。寡头厂商之间订立的卡特尔协议也没有意义，因为给定对方遵守协议，每个企业理性的做法就是违背协议，增加产量。

“囚犯难题”给出的“制度安排一定要构成纳什均衡”的启示是重要的，但是得出的“个人理性与集体理性有冲突”“个人理性选择的结果可能无效率”的结论却是错误的。

按照传统分析，与个人理性相对应的是“都坦白”，与集体理性相对应的是“都不坦白”。前者福利水平低、无效率，后者福利水平高、有效率，然而有效率的后者却实现不了。这说明，个人理性与集体理性有冲突，个人理性选择的结果可能无效率。

可是，我们不能因为“都坦白”的福利水平低于“都不坦白”的福利水平，就得出“都坦白”是无效率的结论；我们不能因为个人的理性选择实现不了“都不坦白”，就得出个人理性与集体理性有冲突的结论。讨论这个问题，我们一定要注意约束条件的规定，不能离开约束谈最优。

在这里，第一，当事人都是自利的；第二，信息是阻隔的；第三，一次性博弈。在这样的约束条件下，“都坦白”已经是最好的结果了，又何来“都不坦白”的更好结果呢？“都不坦白”似乎更好，但这个更好的结果在给定的约束条件下是实现不了的。我们怎么可以一方面接受自利、信息阻隔、一次性博弈的约束条件，另一方面又期望“都不坦白”的结果呢？

我们以为“都不坦白”更有效率，这是暗含的假定，在自利、信息阻隔、一次性博弈的约束条件下可以无成本地实现“都不坦白”，这是零交易费用的思维定式。然而零交易费用的话，又怎么有“都坦白”的结果呢？我们忽略了正交易费用的约束。信息阻隔、一次性博弈，就没有谈判的余地。没有谈判余地，不是说就没有交易费用了，而是交易费用为无穷大。考虑了正交易费用的约束，怎么能够说“都坦白”是无效率的呢？

给定另一组约束条件，或者当事人都是利他的，或者信息是完全的，或者博弈是重复的，那么“都不坦白”自然可以达到。警察审问犯罪嫌疑人的时候，从来都是隔离审查，可见警察把导致坦白结果的约束条件拿捏得很准。既然换了约束条件，个人的理性选择便可达到集体理性，又怎么能够说个人理性和集体理性有冲突呢？

这里集体理性与个人理性对应不同的约束条件，不是同一时空的事。传统分析错在把不同约束条件下的事拿到一块说，错在拿了这个时空的事去做另一时空的标准，从而得出“个人理性与集体理性有冲突”“个人理性选择的结果可能无效率”的结论。但是不同约束条件下的东西不构成真正意义上的冲突，而且我也想象不出这个世界有什么集体理性。世上哪有什么集体理性，一切都是个人理性选择的结果，“个人理性与集体理性有冲突”之说无从谈起。

错误地把不同约束条件下的事拿到一块说，拿这个时空的事去做另一时空的标准，这种错误，主流经济学不是偶然地犯了一下，而是经常犯。例如，拿垄断与完全竞争相比较，然后说垄断无效率；拿零交易费用、完全信息下的边际等式作为正交易费用、不对称信息下的效率标准……如此低级的错误，却有那么多的人一而再、再而三地犯，真是让人匪夷所思。

如果一定要坚持个人理性与集体理性有冲突的说法，那么也一定要清楚，冲突不是因为个人理性而起，而是由于特殊的约束条件所导致。克服的办法不是否认个人理性，而是进行制度建设，改变约束条件，在满足个人理性的前提下达到集体理性。

因此，“囚犯难题”正确的启示只能是：

第一，有效的制度安排一定要构成纳什均衡。传统分析的这个解释是正确的。

第二，制度很重要，有什么样的制度安排，就有什么样的行为结果。与其说“囚犯难题”部分奠定了非合作博弈论的理论基础，不如说它更多地揭示了制度经济学的精髓。

思考题

请按照这一节的思路，重新分析一个传统“囚犯难题”的例子。

三、“合成谬误”之谬

“合成谬误”之说在经济学界流传甚广，挥之不去。大名鼎鼎的萨缪尔森的《经济学》这样写道：由于某一原因对个体来说是对的，便据此认为对整体来说也是对的，这就是合成推理的谬误。据此，人们给出了不少“合成谬误”的例子。

——在精彩的足球赛中，球迷们为了看得更清楚而站起来，可是当所有人都站起来的时候，大家都没有看得更清楚。

——为了增加收入，农民辛勤劳作，天公也作美，风调雨顺。但如果所有农民都辛勤劳作，农业将获得全面丰收，谷多而贱，谷贱伤农，农民的收入反而减少。

更有甚者，有人还用民间逸闻笑话来说这个事。

——某妇人连划三根火柴，终于将掉在黑夜中的一根火柴找到。别人讥笑她，她却想不通：火柴掉了可惜，应该找回来；黑暗中看不见，划火柴才能照亮，这有什么不对呢?

——数学家陈景润购物回来后发觉售货员少找他一角钱，于是乘车去要回少找的钱，结果来回花了四角钱的车费。别人以为不值，他却说：公平买卖，商店应该退我钱，而我乘车当然要买票。演算的每一个步骤都正确，最终结果会不正确吗?

我们要问：天下真有什么对个人来说是对的，可是对整个社会却不对的东西吗?真有什么分开来看每件事都正确，合在一起就错了的事情吗?

那些“合成谬误”的例子无不忽略了一个重要的事实，就是世间从来没有抽象的、绝对的对和错，有的只是条件依存的对和错，因而这些例子本身就是错误的推理。

我们不能不问：对于不同个人来说，“对”的条件相同吗?如果条件不是相同，而是不同；不但不同，而且不相容，不可能同时成立，那么这些对于不同个人来说“对”的事情可以进行加总吗？对于不同的每一步来说，“对”的条件相同吗？如果条件不是相同，而是不同，不但不同，而且不相容，不可能同时成立，那么这些不同的每一步能够相加起来吗？

让我用上面的例子来做进一步的说明。

——在足球比赛中，甲站起来可以看得更清楚要以甲以外的其他人继续坐着为条件，乙站起来可以看得更清楚要以乙以外的其他人继续坐着为条件……很显然，这里对于不同的个人来说，“对”的条件是不一样的；不仅不一样，而且不相容，不可能同时成立。在这样的条件下，你以为我们的观众真的认为站起来会看得更清楚，因而是“对”的行为吗？对于这样的条件下才能成立的个别事物，我们怎么能合成而得出“对整体来说也对”的结论呢？这样合成而出现错误的结果，有什么奇怪的吗？

——农民格外努力能增加收入要以别人的产量不变为条件。这里，对于不同的个人来说，“对”的条件也不一样；不仅不一样，而且也不相容，不可能同时成立，我们同样不可以将这样的个别事物合成而得出“对个人来说是对的，但对整体来说却不对”的结论。我父亲曾年复一年地辛勤劳作，我并没有看到，他刻意更加辛勤劳作，以增加家里的收入。印象中，倒是有两次他将自留坡开垦出来种粮。这是更加辛勤地劳作了。但据我所知，那两次都是因为粮价上涨。后来成本上升，他觉得种粮不赚钱了，于是又在这些开垦的地里重新种上树。事实是，给定产品和要素投入之价，每个农民只有唯一的最优劳动投入量，他们一定选择了这样的劳动投入量，并实现了最大化的收入。只有粮价上涨，并且上涨幅度超过要素价格上涨的幅度，农民额外增加劳动投入才能增加收入；而遇到这样的机会，农民一定会额外增加劳动投入。认为农民格外努力就可以增加收入，这又只是我们经济学者的杜撰而已。

至于那些逸闻笑话，不过是茶余饭后逗乐的材料。怎么可以当真，来拿它们来说事呢？

——火柴掉了可惜，应该找回来吗？或许应该，这要以找回的代价不超过这根火柴的价值为条件。现在是这根火柴掉在黑夜中，要找回，至少要以划燃另一根火柴为代价。朋友，你真认为应该找回这根火柴吗？如果你认为这种情况下不应该找回这根火柴的话，那么怎么能够得出“分开来看每件事都正确，但合在一起就错了”的结论呢？我们看到了这个逸闻笑话的荒谬逻辑，但为什么看不到“分开来看每件事都正确，但合在一起就错了”的错误呢？

——本人曾在中科院数学所待过一年半载，听说过有关陈景润的不少奇闻轶事，但就是没有听说上述那件。演算的每一个步骤都正确吗？没有错，商店是应该退我钱。但是，商店应该退我钱，我就一定要去拿这个钱吗？这就不一定了，这是要依条件而定的。如果要回那一角钱，至少要花四角钱，我怎么会去要回那一角钱呢？我们搞错了，应该的事情，我们未必一定要让它们发生。应不应该是价值判断的问题，而要不要做、能不能做到，则是实证分析的事情，完全是功利计算的结果。恕我武断，世间是不会有“演算的每一个步骤都正确，但结果却错误”的事情的。

我们把本来就不可以合成的东西错误地加以合成，或者，把本来就是错误的东西加以合成，却在那里大讲什么合成推理谬误。

我们没有弄明白，就个人来说的“对”，乃是局部均衡；就集体来说的“对”，却是一般均衡。虽然说一般均衡不过是局部均衡的某种“合成”，局部均衡则是一般均衡的某种“分解”，但局部均衡毕竟有“其他因素不变”的前提限制，这个“其他因素不变”常常彼此不兼容。因此，我们不可以通过简单合成关于个体的局部均衡得出关于整体的一般均衡。

“合成谬误”不只是一个好玩的思想游戏，它还深深影响了整个经济学。如果“合成谬误”是对的，那么我们必然会得出失业是宏观问题，需要由政府采取措施加以解决的结论。然而以我的新视角来看，这个结论恐怕就不一定对了，至少不会是普遍对吧。

既然“对个人来说是对的，但对整体来说却不对”的讲法不正确，从中引申出的“对整体来说是对的，对个人来说可能十分错误”的说法也就没有基础了，至少不可能普遍对吧。

一切都是条件依存的，在进行合成推理的时候，我们切不可以忘记了约束条件的规定。

思考题

假如我说科斯定理、“合成谬误”、“囚犯难题”讲的是相同的事情，你同不同意呢？

后　记

《麻辣烫经济学：经济学通识二十一讲》即将面市，我难掩心中喜悦。

这本书是我的心血之作，也是比较得意之作。无论内容，还是形式，我都反复筛选，精心打磨，每章三节，每节字数都大致相当。

感谢彭鸿斌先生的知遇之恩，让我把热爱与实践紧密结合，给了我著书立说的动力和机缘；感谢中国新商科大学集团如此关爱学生、注重教学；感谢集团“生活中的经济学”课程组全体老师在本书校对、修订过程中的辛勤付出。

愿生活中的经济学越来越受到学生们喜欢，并让他们真正学会看世界的方法，愿中国新商科大学集团蓬勃发展，愿中国的经济学教育事业蒸蒸日上！

谢作诗

2022年1月22日